新薩摩学 14

人口減少社会・鹿児島の教育のゆくえ

古閑 章・栗原真孝 編

南方新社

はじめに

『新薩摩学14　人口減少社会・鹿児島の教育のゆくえ』をお届けする。

今回の企画は、国際文化研究センターの若手のホープ・栗原真孝准教授が全面的に立案し、鹿児島の教育に焦点を当てた。サブタイトルに明示されているように、鹿児島の戦後教育を概説しながら、すでに到来しつつある人口減少社会への展望をも視野に収めた意欲的な論考が並んでいる。ご一読の上、これからの鹿児島の教育や教育行政のあるべき姿についてのご意見をお寄せ頂ければ幸いである。

私自身、栗原氏の奮闘から誕生した労作に触発され、教育の方法や中身について、別の視点から論じたくなった。

個々の人間が受けた教育の中身には時代による変遷がある。どのような教育を理想とするかにも、政治的な立場や社会的な地位、さらには環境・個人的見解・国籍・宗教等の違いによって懸隔が見られる。しかし、経済における効率や儲けとは異なる優先事項が教育の根幹に据えられるべきことは誰しも認めるところであろう。

海音寺潮五郎（一九〇一〜七七）は、鹿児島生まれの歴史小説家として数々の名作を残したが、その該博な知識に基づく発言には傾聴すべきものが少なくない。そのなかで「教育とはなんだろう（1）」というエッセイは戦後教育の盲点を突いた時評で、時代が変わっても色褪せない普遍性を持っている。鹿児島の教育史を展望する本書の枕に置くには格好の話材と言えよう。

昭和四〇年代の前半、大学の経済学部を卒業し、時おり海音寺家を訪れては世間話をして帰る商社マンがいた。数年後、その青年は会社を辞め公認会計士を目指すことになった。しかし、何度受験しても合格しないのだ。会計士という職業に必須の算盤《そろばん》が上手でなかったからである。手先が不器用な青年にとって、他の科目はうまくいくのだが、苦手な算盤でしくじってしまうのであった。海音寺はそうした青年の失敗談に耳を傾けながら、戦後教育に欠けたものは何だろうかと考え込まずにいられない。

電卓ではなく算盤が登場しても不思議はない、五十年以上前の話である。当時、算盤は社会人の道具のひとつであり、算盤を習得していないことは、今日《きょうび》のパソコンが扱えないのと同じくらい就職には不利であった。言うまでもなく、算盤に代わって電卓やパソコンやスマホが主流となった二一世紀の現代社会においては、読み書き算盤が身過ぎ世過ぎの最高のアイテムであるという考え方は少数派に属するだろう（2）。だが、当時の最高学府を卒業した青年の陥っているジレンマがわれわれの周囲にまったく見当たらないかというと、必ずしもそうではあるまい。現代社会で重視されていない音読や書写や九九の不徹底で生じる弊害が全般的な学力の低下を引き起こすマイナス要因になっていると考える向きもあるからである。

かつてないほどの高学歴社会が実現しているにもかかわらず、音読が正確に出来ない、文字が汚い上に筆順などもまるで出鱈目である、単純な計算が素早く出来ないといった青年男女が増えている。とりわけ、海音寺が黙過できないと指摘しているのは、記憶力や暗記力を軽視する風潮である。これらの技能は幼少年期に徹底して鍛えておかねばならないはずなのに、どうも戦後教育は、解釈や理解を学習過程の上位に置く傾向があると述べている。物事の思考力や判断力は歳を取るに従い深くなって行くが、暗記力や記憶力は逆に衰えて行くのが常である。前者の基礎となるのが記憶中枢に蓄えられた知識であって、これを若いうちに鍛えている人の思考力が強靭になるという考えはそれなりの妥当性があるであろう。

脳に蓄えられた記憶の量が思考を回転させる原動力になっていると考えられるからだ。自動車はガソリンや電気がないと走れない。脳をエンジンに喩えた時、ガソリンや電気に相当するのが記憶（暗記）によって蓄積された知識の多寡であり、その量が多ければ多いほど、人間の脳は多角的な知見を取り込みながら生き生きと活動できる。暗記による知識の蓄積は機械的で低次元の脳活動、思考力や判断力は高次な脳機能だという見方は、むしろ逆の視点から、暗記による知識の蓄えがあってこそ思考力や判断力が活性化され効力を発揮すると言い換えられよう。記憶中枢に刻み込まれた知識が記憶力の著しい低下によって鈍化する老年期の不安は、若い時にどれだけ沢山の知識を蓄積したかという脳貯金によっても左右されるに違いない。

さらに、日本語の習得には、平仮名や漢字の書写が大きな一翼を担っている。計算には九九の暗記が重要な働きをする。これらは電卓やスマホやパソコンでは置き換えられない、幼少年期に手先や音声と連動した脳作業を通して身に付けた方がより効果的なのも疑いがない。効率や時間の省力化を最優先すれば、手間暇のかかることは確かである。しかし、教育に時間が必要なのは当然であり、そのぶんお金も投入すべきということは大方の国民は承知している。税金の無駄遣いをなくし、国家百年の計と言われる教育にもっと慎重な方策を立てなければならない。現在の教育政策は、効率や経済優先から安易に割り出された短兵急な事業に狂奔しているのではなかろうか。

今は亡き恩師・首藤基澄先生(3)が、東京都立大学の博士課程時代を懐古された挿話はこうした問題の打って付けのヒントになる。先生が橋本佳先生(4)の研究室に、そのつど書き上げた論文をチェックしてもらうために伺い、先生の読了を待って「どんなものでしょうか」という顔をしていると、「そうだね、もう少し考えてみたらと仰《おっしゃ》るんだなあ。ここをこう直しなさいとか、ここがよくないねとか、いっさい具体的な指示をなさらないんだよ。あれには参ったね。こちらは熟慮に熟慮を重ねて書いたものを持参しているわけで、自分では直すところはないと思っている。それをもう少し考えてみたらと言われても、とっかかりがないから、研究室をお暇《いとま》する時には、ほんとに途方に暮れたものだよ。しかし、時間を置いて考えてみると、確かにここはこう書き換えた方がよいと見えて来るから不思議だね。明治末から大正初めに生まれた人たちの教育法には、確かに昭和生まれの私たちにはないものがあった気がするね」。

首藤先生の言葉が想起されるにつけ、私の想念はさらに翼を広げ、木下順二『本郷』(一九八三・三、講談社)のエピソードを手繰り寄せる。彼が熊本市立白川小学校時代(一九二五・五〜二八・三)に江津湖で水泳の指導を受けた、小堀流家元・小堀平七翁の実弟・城先生の教えと通底する教授法である。城先生は、練習日には決まって「突堤の根方の松の木の下で静かに袴《はかま》をとり着物をぬぐと、下には白い六尺褌《ふんどし》を締めておられる。水際へおりて行って、すうっと水の中にはいって行って、ちょうど正座する格好に膝を折ったまま、膝の上にきちんと両手を置いてじっとして、そして首から上はちゃんと水の外に浮んでいる。やがておもむろに両手ではげ頭に水をかけて、それから少し泳いで岸に上ると、あとは私たちががしゃがしゃ泳ぎ回っているのをじっと上から眺めておられた」。そして極めて稀に「ああ、そッでよか」と言葉を掛けられた。そこで「その一声がほしいばっかりに、私たちはいつまでも泳ぐことをやめなかった」と言う。練習の始めにそれとなく自分の泳ぎを示した後は、子供たちが得心するまで泳ぐ姿を見守られるだけであった。

　こうした橋本先生や城先生に共通するのは、早急に答えを求めるのではなく、相手が自分の力で会得するまで忍耐強く待ち、見守る教授法にほかならなかった。[5] 教師が正解を示すことは易しく、学習者が正解を得るには時間を必要とする。その両者を隔てる時空間の距離を教師が縮めるのではなく、相手がみずからの能力を絞り出し飛び越えて来る姿勢を信じる態度の確かさであった。だが、現代社会はそういう余裕（時間）を失くし、待つ教育は効率が悪いという理由で切り捨ててしまったように思われる。[6]

　教育に手間暇がかかるという意味は、教師が安易に答えを示さないという側面を弁えてこそ、最大の有効性が発揮できるという謂いになる。教師がカノンになってはいけないのであり、逆に答えを辛抱強く待つことが難しい。この難問を模索する作業が、教える行為の理想形だということを骨身に徹して体得しておかなければならないということである。己を顧みると忸怩《じくじ》たる思いであるが、待つ身の辛さに耐えながら、教える側の箍《たが》を示さず、相手の埒《らち》を鷹揚に認める大らかさを身に着けたい。

「時は金なり」という近代のマキシムがあまりにも浸透しすぎた社会は、「金が時なり」というあべこべな転倒を異常とも思わず、錬金術の技に熱中するばかりである。教育が産業として成り立つということは、それだけ本来の教育の中身が荒廃して行くという事実を物語っている。われわれは未来を担う若者のために、そうした事態に歯止めをかけ、何らかの方策を立てなければ取り返しがつかなくなる時期に来ているのではなかろうか。

最後になったが、栗原准教授を通して本書にご執筆いただいた学外の遠藤武夫先生、萩原和孝先生、帖佐尚人先生、深田忠徳先生には、お忙しいなか玉稿を快くお寄せ頂いたことに深甚の謝意を表するとともに、いつも変わらず新薩摩学の出版に財政的援助を惜しまれない鹿児島純心女子学園理事長兼鹿児島純心女子大学学長の松下栄子先生、南方新社社長の向原祥隆氏に対し、この場を借りて厚くお礼を申し上げたい。

二〇二〇（令和二）年一月末

鹿児島純心女子大学国際文化研究センター所長　古閑　章

〔注〕

（1）初出は、一九六六年一二月に発行された『教育月報』（神奈川県教育委員会）。内容の紹介は、井口一男編『海音寺潮五郎記念館誌』第二八号（二〇〇八・二）の再掲載文による。

（2）今風の用語で言えば「知識及び技能」であり、「生きる力」の養成ということになる。

（3）首藤基澄《しゅとうもとすみ》（一九三七〜二〇一一）。近代文学研究家、俳人。著書として『高村光太郎』（一九六六、神無書房）、『金子光晴研究』（一九七〇、審美社）、『福永武彦の世界』（一九七四、審美社）、『藤村の詩』（一九八三、審美社）、『福永武彦・魂の音楽』（一九九六、おうふう）、『近代文学と熊本』（二〇〇三、和泉書院）、『「仕方がない」日本人』（二〇〇八、和泉書院）、『句集　己身』（一九九三、角川書店）、『句集　火芯』（一九九六、東京四季出版）、『句集　魄飛雨《はこびあめ》』（二〇〇七、北溟社）、『句集　阿蘇百韻』（二〇〇八、本阿弥書店）、『遺稿・遺句集　わが心』（二〇一四、私家版）等。

（4）橋本佳《はしもとよし》（一九〇四〜一九九〇）。平安文学研究から出発し、戦後、近代文学研究に専念。東京都立大学教授を長く務める。著書として『校本　夜半の寝覚め』（一九三三、大岡山書店）等。

（5）これは人間の資質や能力を総合的に「読む力」と言い換え可能であり、教える側の「抽《ひ》き出す力」でもある。

（6）似たような意見を別の角度から拾い上げれば、海音寺潮五郎の『覇者の條件』（一九七六・一一、新潮社）「あとがき」の「近頃は学校の教育法がかわって来まして、先生が噛んで噛んでドロドロにして、おいしい味をつけて、匙で舌の上にのせてくれるような教授をするのがいい考え方ということになり、世間もそう考えるようになっていますので、人々は自分で考え、自分でまとめ、自分で判断する作業が出来なくなっているように、昔人間である私には見えます」という一文に具体化されている。

目次

新薩摩学14　人口減少社会・鹿児島の教育のゆくえ

序　章　人口減少社会・鹿児島の教育のいま

栗原　真孝

一　本書の目的

二〇〇六年末、戦後日本の教育理念と言える教育基本法が改正され、二〇〇八年に国の教育振興基本計画が策定された。これを受けて鹿児島県は二〇〇九年に教育振興基本計画を初めて策定し、現在の第三期計画では基本目標を「夢や希望を実現し未来を担う鹿児島の人づくり～あしたをひらく心豊かでたくましい人づくり～」とし、「知・徳・体の調和がとれ、主体的に考え行動する力を備え、生涯にわたって意欲的に自己実現を目指す人間」、「伝統と文化を尊重し、それらを育んできた我が国と郷土を愛する態度を養い、これからの社会づくりに貢献できる人間」の育成を目指している。

二〇〇〇年以降の鹿児島県の教育状況を振り返ると、大きな変化を経験している期間と言えるのではないだろうか。例えば、二〇〇〇年の単位制高校である県立開陽高等学校の設置、二〇〇六年の鹿児島玉龍中高一貫教育校の設置、二〇一三年の小中一貫校坊津学園のコミュニティスクール指定（県内初）、二〇一五年の全寮制男子校の楠隼中高一貫校の設置、二〇一七年の義務教育学校である坊津学園と鶴荘学園の設置など、「新しいタイプの学校」が開校されてきている。その一方で二〇〇四年以降、「かごしま活力ある高校づくり計画」などに基づき、公立高等学校の再編が実施され、市町村レベルでは市町村長が地元の県立高校を守るために様々な政策を講じてきたという状況もある。小中学校レベルにおいても、児童生徒が減少している中で学校の統廃合が進められてきている。こうした学校の適正配置の問題は人口減少と強く結びついた問題である。

二〇〇七年度からは全国学力・学習状況調査が実施されるようになり、同調査の結果は鹿児島県においても高い関心が寄せられているだけではなく、鹿児島県の教育政策にも影響を与えている。鹿児島県では同調査の結果も影響し、二〇一五年度から公立小中学校に土曜授業（月一回）が導入されている。また、同調査の実施要領の変更を受けて鹿児島県教育委員会では二〇一四年度から教育事務所が置かれている地区別の結果を公表している。県内市町村教育委員会においても、学校レベルにおいても結果を公表している事例がある。

こうした学校の適正配置や子どもたちの学力の問題は二〇〇〇年以降の特有の問題なのだろうか。このことは本書のひとつの問題意識として設定する。

このように二〇〇〇年以降の鹿児島県の教育状況を見ると、大きな変化を経験してきていると言える。変化の背景には世界の高度化（ＡＩなどの科学技術の進展など）や複雑化（冷戦終結後のグローバル化の促進、環境問題の深刻化など）、人口減少など、教育を取り巻く環境の変化があると考えられる。大きな変化を経験している時期だからこそ、教育政策の進んでいる方向性を常に問い直し続けることが必要なのではないだろうか。そこで、本書では鹿児島の学校教育について、過去、現在、未来の三つの視点から考察することで、鹿児島の学校教育の特徴を浮かび上がらせるとともに、人口減少社会が進行する中で将来の方向性への示唆を提示する。その中で、「予測困難な時代」における教育のあり方についても究明する。

序章では本書の問題意識を整理することで、本書の趣旨を示す。

二　人口減少社会・鹿児島

（一）人口減少

日本において人口減少は進んでいるのだろうか。総務省の「人口推計」をもとに考えると、日本の総人口については、二〇〇五年（一〇月一日）に戦後初めて前年の総人口を下回るということを経験した後、二〇〇八年にピーク（一億二八〇八万四〇〇〇人）となり、二〇一一年以降、継続して減少し、二〇一七年は一億二六七〇万六〇〇〇人である。[1] 二〇一六年二月には国勢調査（二〇一五年）の結果が発表され、同調査において初めて日本の人口が減少していることが報告された。

こうした中で鹿児島県の人口については、一九五五（昭和三〇）年に二〇四万四一一二人となり、県人口のピークを迎えた。高度経済成長に伴う大都市への人口流出等によって、一九七二年には一七〇万人強まで減少した。その後、一九八〇年代に一八〇万人台まで回復する。[2] つづく一九九〇年以降については、一九九〇年は鹿児島県人口が一七九万七八二四人となり、その後数年間は減少したものの、一九九四年に一七九万一四四一人、一九九五年に一七九万四二二四人と回復した。しかしながら、それ以後は減少し、二〇一一年以降は一七〇万人台を割っている[3]。二〇一七年（一〇月）の人口は一六二万五四三四人である。

鹿児島県の出生数については、一九九〇年は一万九一八九人、二〇〇〇年は一万六〇七三人、二〇一〇年は一万五二一八人、二〇一九年は一万二二九五人であり、少子化が進行していることがわかる。県人口に占める高齢者の割合（二〇一九年）については、三一・九％である。高齢者人口については、一九九〇年が二九万八九〇四人、二〇〇〇年が四〇万三三三九人、二〇一〇年が四四万九六九二人、二〇一九年が五〇万五九八〇人であり、高齢者人口が年々増加していることがわかる[4]。

こうした中で、国立社会保障・人口問題研究所の調査結果によれば、鹿児島県の将来人口は、二〇二五年に一五一万人、二〇三五年に一三六万人、二〇四五年に一二〇万人と推計されている。その上で、市町村別の二〇四五年の人口増減率については、四三市町村のすべてがマイナスと推計されており[5]、鹿児島県は「人口減少社会」と言えるだろう。

（二）人口減少の影響

人口減少はどのような影響を鹿児島社会に与えているのだろうか。例えば、鹿児島県の公立小中学校数（表1）について考えると、一九九〇年は小学校が六〇七校、中学校が二九〇校であった。その後、小学校数も中学校数も減少が続き、二〇一五年は小学校が五二六校、中学校が二二五校と

表１　鹿児島県の公立小中学校数

	1990 年	1995 年	2000 年	2005 年	2010 年	2015 年
小学校	607	600	598	593	576	526
中学校	290	274	276	265	248	225

出所：鹿児島県教育委員会編『鹿児島県の教育行政』（平成２年度、７年度、12年度、17年度、22年度、27年度）をもとに、筆者作成。

表２　鹿児島県の児童生徒数（人）

	1990 年	1995 年	2000 年	2005 年	2010 年	2015 年
小学校	151,982	137,036	116,556	103,819	95,576	91,004
中学校	80,282	76,211	67,952	57,700	50,937	47,841
特別支援学校（初等部）	679	588	578	607	542	699
特別支援学校（中等部）	441	421	352	391	473	494

出所：鹿児島県教育委員会編『鹿児島県の教育行政』（平成２年度、７年度、12年度、17年度、22年度、27年度）をもとに、筆者作成。

なっており、この二五年間で小学校が八一校減少、中学校が六五校減少している。なお、二〇一八年は小学校が五〇四校、中学校が二一九校となっている（義務教育学校二校）[6]。

　全体の人口減少に伴い、小中学校数だけではなく、義務教育段階の児童生徒数も減少してきている。一九九〇年は二三万三三八四人だったものの、二〇一五年には一四万〇〇三八人となっており、九万人以上減少していることがわかる。

　少子化が進行する中で高校教育についても、再編の動きが進められている。その中で、伊佐市などが典型例として、首長が県立高校政策に積極的に関与している事例が見受けられる。特に伊佐市の事例については、市長が中心となり、市内の高校生の大学進学を財政的に支援する取り組みでもある。鹿児島県の県立および市立高校六九校のうち、六〇校一〇九学科が定員

表３　鹿児島県の中学校卒業者数（人）

2015年3月	2017年3月（推計）	2019年3月（推計）	2021年3月（推計）
15,974	15,966	15,456	14,843

出所：鹿児島県教育委員会『平成27年度　教育行政基礎資料』2016年、24頁、および鹿児島県教育委員会『鹿児島県教育振興基本計画』2014年、12頁をもとに筆者作成。

割れしており（二〇一六年三月）、現在も高校再編の動きが続いている。高校の存廃は、高校が所在する市町村が地域づくりを進めていく上で極めて大きな問題であり、引き続き県立高校政策への市町村長の積極的な関与が続くと考えられる。

高校再編の要因のひとつは中学校卒業者数の減少であり、鹿児島県の中学校卒業者数は一九八九年三月の二万八八一六人をピークに減少してきている。[7] 二〇一五年三月には一万五九七四人となり、一万人以上減少している。さらに、二〇二一年三月には一万四八四三人まで減少することが予想されている（表3）。このことに伴い、鹿児島県の高校卒業者数についても年々減少しており、一九九〇年三月の卒業者数は二万五一四四人だったものの、二〇一五年三月には一万五二一四人となり、約一万人減少している。二〇一七年三月の卒業者数は一万四七六五人であり（男子七三八三人、女子七三八二人）、一万五〇〇〇人を切っている。[8]

こうした人口減少による児童生徒数の減少は、学校の適正配置の問題を引き起こしている。

三　学力への高い関心

戦後日本の学校教育の歴史を考えると、いつの時代でも子どもたちの学力に対する関心が高いと言える。また、世界においても二〇〇〇年以降にＰＩＳＡ調査が開始され、国際学力調査への関心が高まっている。鹿児島県においても、子どもたちの学力に対する高い関心が寄せられている。

それでは、子どもたちの学力を向上させるためには学校の授業時数を増やせばいいのだろうか。ＰＩＳＡ調査の国際比較をもとに考えると、学習時間が多かったとしても、必ずしもよい成績を収めるわけではないことが示されている[9]。このため、どうすればよいかは本書で検討していく。

ここで近年の教育政策の特徴について考えると、国際学力調査および国内の学力テストの影響を強く受けていることがひとつの特徴としてある。つまり、学力調査の結果が教育政策の方向性を変えているということである。こうした特徴は日本だけではなく、世界の教育政策の動向の特徴と言える。例えば、北野秋男・下司晶・小笠原喜康は「現在、日本を含めた世界の先進主要国では、グローバル経済体制下において国際競争力の向上を目指した学力テスト政策が普及・浸透している」とした上で、アメリカ、イギリス、韓国、日本、ノルウェー、オーストラリアを取り上げて、「テスト政策の内容的な違いがあるとはいえ、世界のどの国も国家レベルだけでなく、地方自治体レベルでも学力テストを実施していることが分かる。学力テスト政策は、世界的な潮流を形成し、各国で学力向上政策が優先課題となっていることは疑いない」と分析し、「日本を含めた先進諸国では

ＴＩＭＳＳとＰＩＳＡのテスト結果をめぐる順位争いが熾烈であり、あたかも国際学力戦争の様相を呈している」と分析している[10]。こうした学力向上政策は、国レベルだけではなく、鹿児島県においても実施されていると言える。

鹿児島県の教育政策の動向を見た場合、二〇一五年度から公立小中学校に土曜授業（月一回）が導入されたことが大きな変化であった。鹿児島県は全国学力・学習状況調査において課題を残しており、特に中学生については全国平均を下回る状況が続いている。こうした状況を受けて、二〇一五年度から小中学校で土曜授業が導入された。鹿児島県教育委員会は、土曜授業に関する通知のなかで以下のように述べている。

本県の児童生徒の土曜日の過ごし方においても課題が見られ、改善が望まれる状況もあります。また、本県児童生徒はこれまでの諸調査の結果等から、思考力・判断力・表現力等の知識の活用の側面に課題があることが明らかになりました。教育に関しては、地域的・経済的要因による学力の差が生じないように努める責務があります。これらの状況を踏まえ、県教委としては学力向上をはじめとする教育課題に対応し、児童生徒一人一人の生きる力の育成を目指すために、土曜授業を含めた教育課程全体の見直しは有意義であると考えています[11]。

このように、学力調査の結果が土曜授業の導入のひとつの要因になっており、鹿児島県においても学力調査の結果が教育政策に影響を与えていることがわかる。

四　鹿児島の子どもたちのいま

(一) 鹿児島県

鹿児島県の子どもたちの学力はどのような状況なのだろうか。ここでは、全国学力・学習状況調査の結果を使用し、鹿児島県の子どもたちの学力の状況について見たい。なお、全国学力・学習状況調査については、二〇一六年度以降は結果が整数で公表されているため、それ以前の二〇一四年度と二〇一五年度の結果を使用する。

二〇一四年度の平均正答率については、小学生は国語Aが七二・五%、国語Bが五五・二%、算数Aが七八・五%、算数Bが五五・三%となっており、算数Aは全国平均の七八・一%を上回っているものの、他の三つは全国平均を下回っている。中学生は、国語Aが七八・一%、国語Bが四九・一%、数学Aが六五・五%、数学Bが五八・四%となっており、すべてが全国平均を下回っている。

二〇一五年度の平均正答率については、小学生は国語Aが六八・四%、国語Bが六五・八%、算数Aが七五・九%、算数Bが四二・五%となっており、国語Bと算数Aの二つは全国平均を上回っている。中学生は、国語Aが七三・三%、国語Bが六四・一%、数学Aが六一・七%、数学Bが三九・四%となっており、すべてが全国平均を下回っている。

こうしたことから、小学生については全国平均を上回る科目もある状況であり、中学生について

表4　全国学力・学習状況調査の平均正答率

	2014年 鹿児島県	2014年 全国	2015年 鹿児島県	2015年 全国
小学生国語A	72.5	72.9	68.4	70.0
小学生国語B	55.2	55.5	65.8	65.4
小学生算数A	78.5	78.1	75.9	75.2
小学生算数B	55.3	58.2	42.5	45.0

	2014年 鹿児島県	2014年 全国	2015年 鹿児島県	2015年 全国
中学生国語A	78.1	79.4	73.3	75.8
中学生国語B	49.1	51.0	64.1	65.8
中学生数学A	65.5	67.4	61.7	64.4
中学生数学B	58.4	59.8	39.4	41.6

注：鹿児島県のデータについては、全国の平均正答率を上回っている場合は下線を引いている。

はすべてで全国平均を下回っている状況であることがわかる。

(二)　市町村別

それでは、鹿児島県の子どもたちの学力を市町村別に分析すると、どのような状況なのだろうか。鹿児島県教育委員会では二〇一四年度から教育事務所が置かれている地区別の結果を公表している。

ここでは、「鹿児島市」と「県平均」「全国平均」を比較する。二〇一四年度の結果については、表5・6のようになっている[12]。なお、鹿児島県の地区別の結果が少数第一位まで公表されているのは、二〇一四年度および二〇一五年度である。

小学生については、国語Aは鹿児島市が七四・七%、県平均が七二・五%、全国平均が七二・九%となっている。国語Bは鹿児島市が五八・二%、県平均が五五・二%、全国平均が五五・五%となっている。算数Aは鹿児島市が八〇・五%、県平均が七八・五%、全国平均が

表５　2014年度の小学校の平均正答率（%）

	鹿児島市	県平均	全国平均
国語Ａ	74.7	72.5	72.9
国語Ｂ	58.3	55.2	55.5
算数Ａ	80.5	78.5	78.1
算数Ｂ	58.3	55.3	58.2

出所：鹿児島県教育委員会「平成26年度　全国学力・学習状況調査　鹿児島県結果分析」をもとに筆者作成。

表６　2014年度の中学校の平均正答率（%）

	鹿児島市	県平均	全国平均
国語Ａ	80.1	78.1	79.4
国語Ｂ	52.1	49.1	51.0
数学Ａ	68.3	65.5	67.4
数学Ｂ	60.6	58.4	59.8

出所：鹿児島県教育委員会「平成26年度　全国学力・学習状況調査　鹿児島県結果分析」をもとに筆者作成。

七八・一％となっている。算数Ｂは鹿児島市が五八・三％、県平均が五五・三％、全国平均が五八・二％となっている。鹿児島市については、すべての科目において「県平均」と「全国平均」を上回っていることがわかる。

中学校については、国語Ａは鹿児島市が八〇・一％、県平均が七八・一％、全国平均が七九・四％となっている。国語Ｂは鹿児島市が五二・一％、県平均が四九・一％、全国平均が五一・〇％となっている。数学Ａは鹿児島市が六八・三％、県平均が六五・五％、全国平均が六七・四％となっている。数学Ｂは鹿児島市が六〇・六％、県平均が五八・四％、全国平均が五九・八％となっている。鹿児島市については、中学校もすべての科目において「県平均」と「全国平均」を上回っていることがわかる。

このように、鹿児島県の子どもたちの学力を市町村別に分析すると、鹿児島県の中で鹿児島市の

表7　2014年度の小学生の平均正答率（都道府県別上位10、％）

国語A		国語B		算数A		算数B	
秋田県	77.4	秋田県	67.3	秋田県	85.1	秋田県	66.2
鳥取県	77.0	石川県	62.7	福井県	83.1	福井県	64.1
茨城県	76.9	福井県	61.8	石川県	82.5	石川県	63.6
青森県	76.6	青森県	60.5	青森県	81.3	富山県	62.0
広島県	75.9	富山県	59.5	富山県	81.0	東京都	61.2
千葉県	75.8	新潟県	58.8	沖縄県	80.9	青森県	60.8
東京都	75.5	香川県	58.8	広島県	80.7	広島県	60.1
香川県	75.5	静岡県	58.4	新潟県	80.0	京都府	59.7
福井	74.6	岩手県	58.3	京都府	79.9	香川県	59.5
新潟県	74.5	広島県	58.3	大分県	79.8	長野県	59.0

出所：文部科学省・国立教育政策研究所「平成26年度　全国学力・学習状況調査　調査結果のポイント」をもとに筆者作成。

平均正答率が高く、県平均との違いがあることがわかる。

(三) 小学生

それでは、鹿児島市の結果は全国的に考えると、どのような位置にあるのだろうか。二〇一四年度の都道府県別の平均正答率（公立学校）を高い方から見てみると、表7のようになっている。

鹿児島市の小学校国語Aの平均正答率を表7にあてはめた場合、鹿児島市は七四・七％であるため、香川県の次の九番目に位置づけられる。小学校国語Bの平均正答率については、鹿児島市は五八・三％であるため、岩手県および広島県と同率で九番目に位置づけられる。小学校算数Aの平均正答率については、鹿児島市は八〇・五％であるため、広島県の次の八番目に位置づけられる。小学校算数Bの平均正答率については、鹿児島市は五八・三％であるため、上位一〇の中には位置づけられず、二〇番目である。

学力調査の結果はあくまでも子どもたちの学力の一部

表８　2014年度の中学生の平均正答率（都道府県別上位20、％）

国語A		国語B		数学A		数学B	
秋田	84.4	福井	55.9	福井	74.3	福井	66.9
福井	83.0	秋田	55.8	秋田	73	秋田	65.5
富山	82.3	富山	55.1	富山	71.1	静岡	63.7
石川	81.9	群馬	54.2	石川	70.9	富山	63.6
群馬	81.1	石川	53.7	静岡	70.9	石川	63.4
青森	81.0	東京	53.2	山口	70.3	愛媛	62.9
静岡	80.8	愛媛	52.8	岐阜	69.8	群馬	62.6
東京	80.7	静岡	52.5	愛知	69.7	山口	62.6
山口	80.7	山口	52.4	兵庫	69.6	愛知	62.5
山形	80.6	茨城	52.3	青森	69.3	東京	61.8
岩手	80.5	山形	52.1	群馬	69.2	熊本	61.6
愛媛	80.3	青森	52	東京	68.8	岐阜	61.3
宮城	80.3	宮城	52	愛媛	68.7	兵庫	61.3
島根	80.2	山梨	52	奈良	68.5	神奈川	60.8
広島	80.1	岐阜	52	徳島	68.5	青森	60.7
山梨	80	島根	52	広島	68.4	奈良	60.5
茨城	79.9	岩手	51.8	宮崎	68.4	広島	60.5
兵庫	79.9	千葉	51.7	新潟	67.9	山形	60.2
大分	79.8	埼玉	51.5	香川	67.8	千葉	60.1
岐阜	79.8	神奈川	51.5	京都	67.7	京都	60.1

出所：文部科学省・国立教育政策研究所「平成26年度　全国学力・学習状況調査　調査結果のポイント」をもとに筆者作成。

を表したものではあるものの、鹿児島市の小学生の結果については、算数Bを除くと、上位一〇の都道府県の中に位置づけられるレベルである。

(四) 中学生

二〇一四年度の都道府県別の平均正答率（公立学校）を高い方から見てみると、表8のようになっている。鹿児島市の中学校国語Aの平均正答率を表8にあてはめた場合、鹿児島市は八〇・一%であるため、広島県と同率の一五番目に位置づけられる。中学校国語Bについては、鹿児島市の平均正答率は五二・一%であるため、山形県と同率で一一番目に位置づけられる。

中学校数学Aの平均正答率については、鹿児島市は六八・三％であるため、宮崎県の次の一八番目に位置づけられる。中学校数学Bの平均正答率については、鹿児島市は六〇・六％であるため、青森県の次の一六番目に位置づけられる。

鹿児島市の中学生の結果については、上位二〇の中に位置づけられることがわかる。

五　いま求められている力量

(一) 未知の状況にも対応できる「思考力・判断力・表現力等」の育成

現在、国際学力調査や国内の学力調査の結果が、鹿児島県の教育政策の動向に影響を与えており、さらに児童生徒数の減少は鹿児島県の学校教育環境を大きく変えようとしてきている状況がある。ここでは、鹿児島県の高校生の進路について取り上げて、いまの鹿児島の学校教育の課題をさらに掘り下げる。

新学習指導要領・新幼稚園教育要領に向けて二〇一六年末に発表された、中央教育審議会答申では、これからの時代は「予測困難な時代」と位置づけられている。その上で、「学校教育の将来像を描くに当たって一つの目標となる、この二〇三〇年頃の社会の在り方を見据えながら、その先も見通した姿を考えていくことが重要となる。前回改訂の答申で示されたように、二一世紀の社会は知識基盤社会であり、新しい知識・情報・技術が、社会のあらゆる領域での活動の基盤として飛躍的に重要性を増していく。こうした社会認識は今後も継承されていくものであるが、近年顕著となってきているのは、知識・情報・技術をめぐる変化の早さが加速度的となり、情報化やグローバル化といった社会的変化が、人間の予測を超えて進展するようになってきていることである」[13]と示されている。こうした「予測困難な時代」の中で求められている力量は、ただ単にテストでよい点数がとれる力量ではなく、先が見えない時代の中で自身で道を切り拓いていくことができる力量である。新学習指導要領では、未知の状況にも対応できる「思考力・判断力・表現力等」とも表現されている。

こうした中で、鹿児島県では子どもたちに今求められている力量を身につけることができているのだろうか。二〇一五年八月の鹿児島県総合教育会議では、二〇一五年度の全国学力・学習状況調査結果を見て、当時の知事は「小学校はいいが、中学校になったら成績が落ちるのはどうしてか」と疑問を呈した上で、「いかに『教育県鹿児島』と言っても、いつも成績は下の方」と発言しており、鹿児島県の学校教育と子どもたちの学力に課題があることを指摘している。また、全国学力・学習状況調査の鹿児島県の結果について分析した金城太一は「鹿児島県の場合、小学校はおおむね中位付近で推移していますが、中学校になると毎年、下位集団に甘んじている状況です。この結果を見ると、やはり鹿児島の教育に何らかの課題があると考えた方が自然です。現状から目をそらさず、課題を地道に克服していくことが行政に求められている」と分析している[14]。その上で、二〇一四年度の結果を分析し、「集中的に分析した結果わかったことは、全国平均を下回る教科では、おしなべて成績上位層が全国平均よりも少なく、成績の中位から下位層が多いという傾向が見られるという点です。現場では、子供たちの成績が二極化している、ということをしばしば耳にしますが、結果を見てみると、二極化というよりもむしろ、成績中位から下位の児童生徒が多いのです。この分析結果は県内でも大きな衝撃をもって受け止められました。どういうことかというと、これまでは、学力調査の結果が全国を下回っているのは、学習到達度の低い層の子供たちが一定数いるからだろう、という捉え方がなされていました。一方、学力の上位層は全国と比較して遜色ない程度いるのではないか、と信じられてきました。ところが、ふたを開けてみると、そうではなく、上位層が少なく、中位から下位が多いという実態が明らかになったからです」と分析している[15]。

こうした元知事や金城の分析からわかることは、鹿児島県の現在の学校教育では、未知の状況にも対応できる「思考力・判断力・表現力等」の育成が十分にはできていないことである。その一方で、元知事や金城の分析は、学力形成の市町村間の違いを明らかにした前節の分析結果を説明することはできていない。県レベルでのみ考えていると、鹿児島市と鹿児島県全体の間にある違いを見落としてしまうのではないだろうか。

そもそも、未知の状況にも対応できる思考力・判断力・表現力等は、教科学習の中だけで育成することができるのだろうか。このことも本書の問題意識のひとつとして進めていきたい。

(二) 鹿児島県の大学等進学率

いま求められている、予測困難な時代を自身で切り拓いていく力量については、高等学校までに身につけることが理想ではあるものの、世界の高度化・複雑化の進展を考えると、高等教育段階の役割の重要性が高まっていると考えられる。そこで、鹿児島県では高等教育がどの程度普及しているのだろうか。二〇一八年の中央教育審議会答申を見てみると、鹿児島県と東京都の大学進学率を分析した箇所がある。同答申では、「大学進学率は都市部では高く地方では低い傾向が見られ、地域差が生じている。例えば、東京都と鹿児島県の高等学校等新規卒業者の大学進学率では、三三ポイントの開きがあるなど、地域によって高等教育に関わる状況も異なっている」[16]と分析されている。つまり、東京への一極集中が加速し様々な影響が出ており、そのうちのひとつが地域間格差であり、その中に大学進学率の地域差も生じている。平成二九年度の大学進学率については、東京都が六四%、鹿児島県が三一%となっており、大きな違いが生じている。

こうしたことを踏まえた上で、鹿児島県の高校生の進路状況について考える。高校卒業後に大学等に進学する人数については、一九九〇年三月が八二一〇人、一九九五年三月が八四七八人、二〇〇〇年三月が八三二八人と八〇〇〇人台が維持されていたものの、二〇〇五年三月に七一五四人となり八〇〇〇人台を切り、二〇一五年三月には六四一七人となっている。その一方で、大学等進学率については上がってきており、一九九〇年三月が三二・七%、二〇〇〇年三月が三七・二%、二〇一〇年三月が四一・七%、二〇一五年三月が四二・二%となっており、鹿児島県の現在の大学等進学率は四〇%強であることがわかる。大学等進学者の中で、鹿児島県以外に進学する割合は、徐々に高まっており、一九九〇年三月が四六・七%だったものの、二〇一五年三月は五〇・三%となり半分を超えている（表9）。こうしたことから、確かに鹿児島県の大学等進学率は徐々に上がってきているものの、進学先が大学だけではない大学等進学率で見ても、東京都の大学進学率と

表９　鹿児島県の高校卒業後の進路状況

	1990年３月	1995年３月	2000年３月	2005年３月	2010年３月	2015年３月
高校卒業者数（人）	25,144	24,078	22,388	19,363	17,182	15,214
大学等進学者数（人）	8,210	8,478	8,328	7,154	7,157	6,417
大学等進学率（%）	32.7%	35.2%	37.2%	36.9%	41.7%	42.2%
県外進学者数（人）	3,835	3,905	4,017	3,475	3,509	3,229
県外進学率（%）	46.7%	46.1%	48.2%	48.6%	49.0%	50.3%

出所：鹿児島県教育委員会『平成27年度　教育行政基礎資料』2016年、26頁をもとに、筆者作成。

表10　鹿児島県の高校卒業後の大学等進学状況（男女別、2015年３月）

	男	女
大学等進学者数（人）	2,708	3,709
大学進学者数（人）	2,541	2,044
短期大学進学者数（人）	46	1,155（31.1%）
大学等進学率（%）	35.8%	48.5%
就職率（%）	34.0%	20.9%

出所：鹿児島県教育委員会『平成27年度　教育行政基礎資料』2016年、26頁をもとに、筆者作成。

の間に大きな違いが生じている状況である。

高校卒業後の大学等進学者数を男女別に見ると（表10）、大学等進学者数については、男子が二七〇八人（進学率三五・八%）、女子が三七〇九人（四八・五%）となっており、男子よりも女子の進学者が多いということがわかる。その上で女子の進学先を見てみると、大学等進学者三七〇九人のうち、三一・一%にあたる一一五五人が短期大学に進学している。こうしたことを受けて、鹿児島県の短期大学は比較的多くの学生を集めている。鹿児島県の

表11　鹿児島県内の自治体の大学等進学率および専門学校進学率

市町村名	人口（2017年10月時点）	県人口に占める割合	大学等進学率（2016年3月卒業者）	専修学校（専門課程）進学率（2016年3月卒業者）
鹿児島市	597,932	36.8	49.2%	16.5%
霧島市	125,338	7.7	33.0%	23.2%
鹿屋市	103,036	6.3	34.2%	24.5%
薩摩川内市	94,622	5.8	40.1%	15.4%
姶良市	75,888	4.7	41.4%	14.1%
出水市	52,978	3.3	49.3%	18.3%
日置市	48,423	3.0	33.2%	18.5%
奄美市	42,235	2.6	35.8%	32.2%
指宿市	40,573	2.5	32.1%	22.5%
曽於市	35,171	2.2	18.0%	31.1%

出所：『平成28年鹿児島県統計年鑑』359頁をもとに筆者作成。

特徴は短期大学への進学者が多いということがひとつの特徴である。例えば、東京都（二〇一五年三月）については、卒業者一〇万〇六三五人のうち、二八〇二人が短期大学本科に進学し、その割合は二・八％である。[17]

確かに、鹿児島県の大学等進学率は低い状況にある。その上で、鹿児島県の大学等進学率については四〇％強（二〇一六年三月、四二・七％）である中で、大学等進学率を市町村別にみると、実態をさらに深く把握することができる。表11は、鹿児島県内で人口規模が大きい一〇の自治体の大学等進学率などをまとめたものである。大学等進学率の県平均を超えているのは一〇の自治体のうち、鹿児島市と出水市の二自治体であり、その他の八自治体は県平均を下回っている。ここからは、大学等進学率の県平均は徐々に上昇している一方で、大学等進学率には市町村間の違いが大きいということがわかる。

さらに、二〇一六年三月の卒業者のデータをもとに考えると、鹿児島県内の高校の卒業者数は一万四九二八人であり、そのうち大学等に進学したのは六三七〇人で大学等進学率は四二・七％である。このデータから仮に鹿児島市のデータ（卒業者数五七六五人、大学等進学者数二八三九人）を除くと、卒業者数は九一六三人であり、そのうち大学等に進学したのは三五三一人で大学等進学率は三八・五％である。鹿児島市を除いた鹿児島県の大学等進学率は四〇％台を下回ってしまう。ここからわかることは、大学等進学率の県平均は鹿児島市のデータによって大きく影響を受けていることである。

このように鹿児島県の高校生の進路を見てみると、市町村間の違いが大きいとまで言える状況がある。このことから、どこの自治体に所在する高校に進学するか否かによって、高校生の卒業後の進路が一定程度規定されてしまう可能性があるのではないだろうか。

六　人口減少社会・鹿児島の教育のゆくえ

鹿児島県では、人口減少による児童生徒数の減少が学校の適正配置の問題を引き起こしている。公立小中学校においては学校の統廃合が進められており、一九九〇年から二〇一五年までの二五年間で小学校が八一校減少、中学校が六五校減少している。高等学校においては高校再編が進められ、同時にそれに対抗する市町村レベルの動きも出てきている。人口減少が進む中で、学校の統廃合が進められるのは当然の流れかもしれない。しかしながら、本稿の分析結果を踏まえると、児童生徒数の減少に合わせて学校の適正配置を進めるだけでは、鹿児島県の学校教育や子どもたちの学力の課題を見落とす可能性がある。

本章の分析では、学力形成の市町村間の違いや大学等進学率の市町村間の大きな違いがあることがわかった。このことはどのような示唆を含んでいるのだろうか。これまで鹿児島県では、公立学校の教員の配置方法に見られるように、鹿児島県のすべての市町村に対して平等な教育政策を講じてきた。平等な教育政策は全体の学校教育の向上に寄与してきたと言えるだろう。その一方で、鹿児島県の学校教育が抱える課題を見えづらくしてきたのではないだろうか。それは、例えば本章の分析で明らかになった、学力形成の市町村間の違いや大学等進学率の市町村間の大きな違いである。確かに鹿児島県教育委員会は「教育に関しては、地域的・経済的要因による学力の差が生じないように努める責務があります」と述べているものの、鹿児島県では子どもたちの地域・経済的要因による学力の違いがあり、そこへの対応が十分ではないと考えられる。鹿児島市の全国学力テストの結果は他の地域との学力の差とまでは言えないものの、違いがあるとは考えられる。学力の問題以上に大学等進学率の問題は深刻であり、大学等進学率の市町村間の違いが大きいということは、今後の高校教育のあり方を考えていく際に考慮されるべき課題と言えるだろう。

こうした課題を抱えている鹿児島の学校教育については、今後どのような方向性で進んでいけばよいのだろうか。

本書では、「人口減少社会・鹿児島の教育のゆくえ」というテーマのもとに、鹿児島県の学校教育の今後の方向性について考える。まず鹿児島県の教育の歴史と動向を分析する（第一章〜第七章)。次に、今後の学校教育のひとつのキーワードであるチーム学校について検討する(第八章~第一〇章)。最後に、「鹿児島県の教育のゆくえ」をテーマに今後の方向性について考察するとともに、予測困難な時代における教育のあり方を究明する(終章)。

〔注〕

(1) 総務省「人口推計(平成二九年一〇月一日現在)」(http://www.stat.go.jp/data/jinsui/2017np/pdf/2017np.pdf)(二〇一八年七月二日閲覧)

(2) 鹿児島県企画部統計課「鹿児島県の推計人口　人口及び世帯数の推移(昭和一〇年~平成二九年)年齢別人口(平成二九年一〇月一日現在)」https://www.pref.kagoshima.jp/ac09/tokei/bunya/jinko/jinkouidoutyousa/nennpou/h29.html(二〇一八年八月一七日閲覧)

(3) 鹿児島県企画部統計課編『平成二四年鹿児島県統計年鑑』鹿児島県統計協会、二〇一三年、二九頁。

(4) 鹿児島県企画部統計課「鹿児島県の推計人口　人口及び世帯数の推移(昭和一〇年~令和元年)年齢別人口(令和元年一〇月一日現在)」https://www.pref.kagoshima.jp/ac09/tokei/bunya/jinko/jinkouidoutyousa/nennpou/r1.html(二〇二〇年三月八日閲覧)

(5) 国立社会保障・人口問題研究所『日本の地域別将来推計人口―平成二七(二〇一五)~五七(二〇四五)年―』二〇一八年。

(6)鹿児島県教育委員会編『平成三〇年度　鹿児島県の教育行政』二〇一八年、六二頁。
(7)鹿児島県教育委員会『かごしま活力ある高校づくり計画』二〇〇三年、二頁。
(8)鹿児島県教育委員会『平成二九年度　教育行政基礎資料』二〇一八年、三三頁。
(9)アンドレアス・シュライヒャー著、ＯＥＣＤ編、鈴木寛・秋田喜代美監訳『教育のワールドクラス　21世紀の学校システムをつくる』明石書店、二〇一九年、六二-六三頁。
(10)北野秋男・下司晶・小笠原喜康『現代学力テスト批判―実態調査・思想・認識論からのアプローチ』東信堂、二〇一八年、五-七頁。
(11)鹿児島県教育委員会教育長「小・中学校における土曜日の授業実施に係る留意事項等について（通知）」
(https://www.pref.kagoshima.jp/ba04/kyoiku-bunka/school/doyou/documents/42937_20141204104222-1.pdf　二〇一六年五月一九日閲覧)
(12)鹿児島県教育委員会「平成二六年度　全国学力・学習状況調査　鹿児島県結果分析」http://www.pref.kagoshima.jp/ba04/kyoiku-bunka/school/teichaku/kiso/h26gakukekkabunnseki0.html（二〇一八年八月二一日閲覧）
(13)中央教育審議会答申「幼稚園、小学校、中学校、高等学校及び特別支援学校の学習指導要領等の改善及び必要な方策等について」（二〇一六年一二月二一日）
(14)金城太一『チーム鹿児島！　教育改革の挑戦～風は南から～』悠光堂、二〇一七年、四九頁。
(15)同上書、八六-八七頁。
(16)中央教育審議会答申「第三期教育振興基本計画について」（二〇一八年三月八日）、七-八頁。
(17)「平成二七年度　学校基本統計（学校基本調査報告書）」

http://www.toukei.metro.tokyo.jp/gakkou/2015/gk15qg10000.htm（二〇一八年九月七日閲覧）

第一章　日本および鹿児島県における学校教育政策の戦後昭和史

栗原　真孝

一　戦後昭和史の始まりと児童生徒数の変化

本章および第二章では、戦後日本が主権回復後（一九五〇年代）から現代までにどのような教育改革を実施し、それが鹿児島県にどのような影響を与えてきたのかという歴史を明らかにする。

鹿児島県では、終戦後の一九四九（昭和二四）年度の小中学校の児童生徒数は、小学校が二六万六二八三人、中学校が一二万六九四八人であった。[1] 二〇一五年度は小学校が九万一〇〇四人、中学校が四万七八四一人であるため、終戦後の児童生徒数は現在の倍以上の人数であったことがわかる。終戦後、子どもたちが落ち着いて学校で勉強できるようになるのは一九五〇年以降と考えられる。そうなると、子どもたちの学力がひとつの課題となっていく。例えば悉皆調査ではないものの、一九五三（昭和二八）年、一九五四（昭和二九）年に学力調査が実施され、寺師忠夫によれば「昭和二八年度、二九年度の小中学校学力水準調査〔全国調査及び県の調査〕の結果は両年度とも、本県の学力は全国水準に達していない[2]」ということであった。

また、中学校卒業後の高校進学率については、一九五〇年代の後半に四〇%を超えた。一九五七年三月の中学校卒業者の高校進学率は四〇・八%であった。その上で市郡別に見ると、上位五つは鹿児島市が六六・九%、名瀬市が五〇・九%、指宿市が五〇・一%、鹿児島郡が四八・五%、伊佐郡が四六・六%である。その一方で、阿久根市が三一・六%、囎唹郡が二八・五%、大島郡が二四・一%になっており、市郡間の違いが大きかったことがわかる[3]。

鹿児島県では終戦後、小学校の児童数が一九六〇年頃までは増加していった。一九五〇年度は二六万三三〇四人であり、一九六〇年度は三二万六五三三人であった[4]。その後、高度経済成長の中で児童生徒数が徐々に減少していった。例えば旧川内市では、一九六〇(昭和三五)年の児童数は一万一七九六人(全生徒数五〇七六人)だったものの、一九八〇年には五八四四人(全生徒数二八二一人)となり、約半分となった[5]。こうしたことを受けて鹿児島県では一九六〇年代後半から一九七〇年代にかけて小中学校、特に中学校の統廃合が進められていく。例えば鹿児島県教育委員会の『長期総合教育計画』では、「義務教育人口の変動に対処して、学校規模を適正化するため、小規模校の統合を推進するとともに、大規模校の分離を図る[6]」と明記された。その一方で、一九七〇年代から一九八〇年代にかけての鹿児島市においては、住宅不足への対応のために紫原団地などの団地の造成により、新たな小中学校が開校していった。

こうしたことから、戦後の鹿児島県では子どもたちの学力と学校配置のあり方は、常に教育政策の課題として存在してきたと言えるだろう。鹿児島県の学校教育の歴史や動向に関連する先行研究について見てみると、様々な研究が行なわれてきた。これらは鹿児島県の学校教育の歴史や動向を分析するために重要な文献である。その一方で、戦後の流れを体系的に把握できる文献が管見の限りでは見られない。このため、本章および次章では鹿児島県の戦後の学校教育の歴史を分析する。

二　一九五〇年代の主権回復後の教育政策

(一) 国レベルの動き

一九五二年四月、サンフランシスコ平和条約が発効し、連合国の日本占領は終わり、日本は主権を回復した。その一方で、沖縄と奄美はアメリカの直接統治下に置かれた。当時の国民生活を振り返ると、一九五三（昭和二八）年は「電化元年」と呼ばれ、例えば三洋電機が国産初の噴流洗濯機を発売したり、家電各社が電気冷蔵庫を発売したりした。洗濯機も電気冷蔵庫もサラリーマンの平均給与に比べると非常に高かったものの、その後の国民生活の充実につながっていった。さらに一九五三年にテレビ放送が開始され、人々は街頭テレビの前に集まるようになる。

一九五五年から一九七三年までの高度経済成長期では、日本人の賃金が上昇したこともあり、学校教育の量的拡大が進んでいった。高校進学率は一九五〇年度の四二・五%から一九七〇年には八二・一%まで上昇した。学校教育の量的拡大が進む一方で、間接統治下で実施された教育の民主化に「逆行」する政策が講じられ、大きな議論となった。例えば一九五八年、学習指導要領が告示化され、学習指導要領は法的拘束力を持つようになった。

(二) 鹿児島県の動き

鹿児島県では一九四七年四月、初代公選知事に重成格が就任し、一九四八年一一月には鹿児島県教育委員会が発足した。市町村においても、一九五二年一一月には市町村教育委員会が発足した。一九五五年四月、寺園勝志が知事に就任し、一九五六年一〇月には新制度による県および市町村教育委員会が発足した。また、一九五二(昭和二七)年、大島郡十島村が日本復帰を果たし、一九五三(昭和二八)年一二月には奄美大島が日本復帰を果たし、現在の鹿児島県と同じかたちになった。一九五五年には国勢調査で鹿児島県の人口は二〇四万四一一二人となった。

一九五三年、ラジオ南日本(MBC)が放送を開始している。一九五七年、鹿児島空港(鴨池空港)が開港し、東京路線などだけではなく、離島便も運航されるようになった。陸路では、一九五三年三月、鹿児島－東京間の夜間急行が運行を開始した。一九五八年、NHK鹿児島テレビ局が開局しテレビ放送を開始し、一九五九年にはラジオ南日本がテレビ放送を開始した。当時の鹿児島市の様子については、「当時テレビはまだまだ高級品で、人気番組を見るため、受像機が設置された電気店や公衆浴場には人だかりができた」。「当時の市民の娯楽といえば、朝市を冷やかし、着飾って山形屋へ、日曜日は鴨池動物園で終日遊び、夏は海水浴や潮干狩り、冬はサーカス、というのが定番であった(7)」。

学校教育については、『鹿児島県教育の総反省と今後の方策』では、当時の教育長の永野林弘は次のように述べている(8)。

終戦後ここに六年、新憲法のもとに発足した新教育は、一応その態勢をととのえたとはいうものの、その内容の確立という点においては決して充分であるとはいえません。特に講和条約が締結されて日本独自の教育ということが、国民の心からのねがいではありますが、そこにはまた旧教育への復帰をかりたてる主張のあることも見逃してはなりません。

講和によって国内のあらゆる面に抜本的な改革は必至でありますが特に教育の面においては重大な関頭に立つことを切実に意識するのであります。学力低下や道義退廃の問題や、六・三制、委員の公選をめぐる諸問題など、実に教育の根底からゆすぶられているのであります。この重大な時期におきまして、さらに新教育の信念に徹してよりよい本県の教育の伸張に努力したい決意であります。

主権回復後、学力への関心が高まる中で、前述のように、鹿児島県の学力は全国水準に達しておらず、また、高校進学率についても市郡間の違いが大きかったのである。

『昭和三六年度　鹿児島県の教育行政』によれば、一九六〇年五月時点で鹿児島県には、公立小学校が六八三校、公立中学校が三六一校、公立高等学校が八七校設置されていた。在学者については、小学校が三二万六五三三人、中学校が一三万三二四六人であった[9]。当時の学校規模は現在に比べて大きく、例えば旧川内市の小学校については、一一校のうち、可愛小学校、川内小学校、隈之城小学校、平佐西小学校の四校が児童数一〇〇〇名を超えていた[10]。鹿児島県の全公立小学校の中で、旧谷山市の谷山小学校が児童数二九七六名でもっとも大規模な小学校であった[11]。当時の谷山小学校については、「日本一のマンモス校といわれていた」[12]。

鹿児島県の学校教育への高度経済成長期の影響については、集団就職列車（鹿児島駅発）が運行され、戦後の経済成長を背景に一九五六（昭和三一）年三月から一九七四（昭和四九）年までの約二〇年間で計一四万人以上の若者を名古屋・大阪・東京方面に運んだ[13]。その一方で、鹿児島県の高校進学率については、一九五〇年頃は五〇％をわっていたものの、一九五八年には進学率が就職率よりも高くなり、一九六一年に五〇％、一九七一年に八〇％を超えた[14]。高校進学率の詳細については、一九五六（昭和三一）年三月卒業者は四二・五％（全国五一・三％）、一九六五（昭和四〇）年は六一・三％（全国七〇・七％）、一九七〇（昭和四五）年は七六・九％（全国八二・一％）であった[15]。

一九五二年の主権回復後で考えると、大きな教育政策の変化のひとつは、一九五六年に地方教育行政の組織及び運営に関する法律を制定し、それまで公選制だった教育委員を任命制へ変更したことである。『鹿児島県教育史　下巻』によれば、「一九五六（昭和三一）年度以降の県教育行政は、占領政策の是正に活発な動きを見せた国の文教行政の主流に即して、鹿児島県独自の問題を解決するために努力が払われてきた。新法施行（引用者注：地方教育行政の組織及び運営に関する法律）に伴う関係規定の整備、財政再建計画に伴う学校管理運営上の諸問題、さらに学力向上・道徳教育・科学技術教育に関する問題、あるいは新生活運動推進の問題等の諸施策がとられてきた。一九五六（昭和三一）年九月に、文部省全国学力調査が算数（数学）・国語について行なわれた。その結果は全国最下位ということもあって、翌年の二月に、学校長協会・教職員組合・ＰＴＡ・市町村教育委員会連絡協議会代表による学力向上対策協議会が結成され、学力向上のための継続的な努力をすることになった。一九五七（昭和三二）年四月一日に公布された鹿児島県立教育研究所設置条令によって、新しい構想で発足した教育研究所は、学力対策委員会の委嘱を受けて、県内の学力調査を実施し、問題点の究明に努めることになった[16]」。この結果、「一九五九（昭和三四）年の全国学力調査は第一回と同様に国語・算数（数学）であったが、前回の成績との比率をとると、両教科ともに小・中・高そろって九州・全国の成長率を上まわっているという結果が出た[17]」という。

三　一九六〇年代の教育政策

(一)　国レベルの動き

一九六〇年代は、政治面では一九六〇年六月、岸内閣の下で日米相互協力及び安全保障条約（新安保条約）が成立し、経済面では一九六四年の東京オリンピックを経て、一九六八年、日本の国民総生産（ＧＮＰ）が自由主義諸国の中でアメリカについで第二位となり、「経済大国」となった。この中で勤労者の所得が年々上昇し、国民の生活水準は向上していった。その一方で、経済発展が進んでいく中で公害や自然環境破壊は大きな社会問題となった。また、大都市では人口の集中が進み、地方の農村では人口流出による過疎化が進んでいった。

学校教育では、高校進学率が上昇を続け一九六五年に七〇・七％となった。一九六八年、小学校学習指導要領が改訂された。中学校は一九六九年、高校は一九七〇年に学習指導要領が改訂された。このときのポイントは「教育内容の現代化」であり、教育内容が難しくなるとともに、授業時数も大幅に増加した。一九六〇年代から一九七〇年代は授業の進むペースが非常に速く、「新幹線授業」と揶揄された。さらに、「七五三教育」とも言われ、小学校の授業についていける児童は全体の七割、中学校の授業についていける生徒は全体の五割、高校の授業についていける生徒は全体の三割と考えられていた。こうした子どもの実態とかけ離れた教育課程は、その後見直される方向で進んでいった。

(二) 鹿児島県の動き

鹿児島県では一九六一年、丸屋デパートが開店した。一九六二年、鹿児島市の城山に「城山遊楽園」が開園した(一九七一年に閉園)。高度経済成長の時代の中で、一九六九年九月、日石喜入基地に原油タンカーが入港し、同基地が操業を開始した。また、「昭和三五年度(筆者注:一九六〇年度)から四一年度の六年間に自動車保有台数は、四・一倍になり、全国の三・〇倍、九州の三・三倍を大きく上回っている。本県はこの時代に、人の移動も物資の輸送も自動車を利用する自動車時代に突入した[18]」。その一方で、一九六九年には年間の交通事故死者が過去最多の二二三人となってしまった。

一九六七(昭和四二)年四月には鹿児島市と谷山市が合併し、新しい鹿児島市が誕生した。鹿児島市の人口は「合併を経て、三八万八四〇九人にまで急増した。そのため市中心部にはとくに人口が集中し、商工業区や居住区が不足する事態となった。そこで、昭和三〇年代後半から公有水面の埋立事業が行われ、与次郎ヶ浜、祇園之洲や一号用地から四号用地などの臨海工業地帯に商工業区が造成された。同時に内陸部では、紫原・大明ヶ丘、城山、伊敷、玉里、武岡などを居住区とすべく、大小さまざまな規模の団地用地が数多く造成されていった[19]」。一九六四年に寺園知事から両市に合併の要請があり、両市が合併に至った最大の理由は、「人口の過密化に悩む鹿児島市が、宅地と水を谷山側に求め、谷山市は、行政力の強化で将来の発展を願ったからです。昭和三〇年代以降、旧鹿児島市から旧谷山市に移り住む人が急増し、同一生活圏のようになってい[20]」た。

鹿児島県では終戦後から児童生徒数は増加してきたものの、それにブレーキがかかり、一九六〇年代には小中学校の統廃合という課題が生じてくる。鹿児島県教育委員会は、学校統合を進めていくために一九六六年、『学校統廃合の手引き』を作成した。同手引では、地域住民の理解を得ることが第一とされた。学校統合は、一九六九年度には県勢発展計画の重点施策として位置づけられるまでになった[21]。

また、『鹿児島県史　第六巻　下巻』によれば、「高度経済成長は、地方の労働力の流出を招き、六〇年代後半から七〇年代にかけて、その影響は学校教育にも及び、児童生徒数が急激に減少した。県教委は以前から学校規模を適正化するために、教育行政の重点施策として学校統合を推進してきたが、過疎化と相まって学校の統廃合がいっそうすすんだ。一九六七（昭和四二）年五月一日現在、県下の小学校は六六七校、中学校は三五一校であったが、その後の一年間に、九つの小学校と一三の中学校が廃校となった。…当時、本県の中学校数は全国四位で、文部省のいう適正（五〇〇〜八〇〇人）に達しない小規模校が数多くあり、そうした小学校は一九・七％、中学校は二五・

五%にのぼっていた。鹿児島市の人口は谷山市との合併もあったが、七〇年代から急激に増え、新しい団地がつぎつぎに誕生し、児童生徒数も増加した。全国的な傾向として、教育や文化・交通の便など暮らしに有利な都市に人口が集中したが、本県は鹿児島市が一極集中型の典型であった。義務教育全体をみた場合、小学校段階では地域住民の感情を重視し、児童の通学距離を考慮して、できるだけ残すように努力したのに対し、中学校段階では、教育行政の施策上から、『学力向上のための適正規模』『高い教育機能への期待』などがあり、学校統合を推進した。一町村一中学校を実現したところが多く、文部省が示した一二~一八学級前後という規定を目標にした[22]」。

一九六〇年代には悉皆の学力調査が実施され、『鹿児島県教育の現状と課題』では一九六〇年代の全国小中学校学力調査の結果について地区別の分析がなされている。当時は地域別の結果はほとんど強調されていないものの、地区別分析の結果をみると、小学校(五年)についても中学校(三年)についても、概して「鹿児島地区」が「一般地区」「準へき地」「へき地」の平均得点を一〇点以上上回っている。さらに、「鹿児島地区」については、小学校(国語・算数、昭和三九・四一年度)は二回中一回、中学校(国語・数学、昭和三八・三九・四〇・四一年度)については国語が四回中三回、数学が四回中四回、全国平均を上回っている。それに対して、「鹿児島地区」以外の三地区は全国平均をすべて下回っている[23]。その上で、『昭和四一年度全国学力調査報告書　小学校(教育行政資料第六部)』については、地区別に分析した結果では「鹿児島地区(筆者注:鹿児島市、谷山市、鹿児島郡)の平均点が最も高く、続いて一般地区、へき地、準へき地の順に低くなっており、へき地よりも準へき地の方が低いこと、また、一般地区とへき地間に殆ど差がないことは、注目すべき点であろう。なお、鹿児島地区とその他の地区との差が大きいことも、考えるべき点であろう」[24]と分析されている。こうしたことから、一九六〇年代では鹿児島市を中心とする鹿児島地区とそれ以外の自治体で学力の違いがあり、鹿児島県教育委員会が学力の違いを課題のひとつとして一応認識いたということがわかる。ただし、地域間の学力の大きな違いに対する対応はほとんどなされなかったと考えられる。

一九六〇年代の高等学校については、増永昭一郎が次のように振り返っている。「敗戦により戦地から引き揚げた生産年齢人口の増加により、昭和二二年度から子供の急増が始まった。この子供たちが小学校へ入学した昭和二八年ごろから、中学校はその六年後、高校はその三年後と貧弱な地方自治体の財政を圧迫することになる。進学率の向上もあり、教室の増設は何とかできても設備・備品には到底手が届かない。一学級当たりの児童・生徒数を増加して凌ぐ以外に方法は無かったのである。…私の在職した指宿高校では昭和三八（筆者注：一九六三）年度にその波が押し寄せて来た。一学級定員五五名、教室は机間巡視もできない程で、採点・成績処理、通知表の作成、生活指導、面接指導、何にしても現在の四〇人学級とは比較にならない。…それでも普通系はまだよいほうで実業系ともなると設備の関係もあってその指導は大変であった。いわゆる団塊の世代である。当時は高校進学率が五〇パーセントを超えたころであった。非行少年はまだ少なく、中学卒業でそのまま就職列車に乗り大都市へ出掛ける者にはそれなりの自覚があった。団塊の世代は進学・就職ともに激しい競争に曝された世代である。進路指導には苦労したし、中・高校の担任教師は大体内申書を書くだけでも汗をかいたのである。私の記憶では、非行・登校拒否などの事例はまだ少なかった。『苛め』が表面化したり、苛められた子供が自殺したりするようなことはなかった[25]」という。

多くの離島や山間へき地が所在する鹿児島県では、一九六一（昭和三六）年四月から県内をへき地校、準へき地校、鹿児島市と谷山市、その他に分け、これらの四地区を全教員が満遍なく勤務する教員派遣制度を採用し、教育の地域間格差の解消が目指された[26]。

四　一九七〇年代の教育政策

（一）国レベルの動き

一九七〇年代は、田中内閣の時代の一九七三年秋に第一次石油危機による石油不足と物価高騰が起き、日本の一九七四年の経済成長率はマイナスとなった。このような形で高度経済成長期は終わりを迎えることになったものの、日本は高度経済成長期を経て一億総中流の社会となった。日本の年間の出生数については、第一次ベビーブーム（一九四七〜一九四九年）、第二次ベビーブーム（一九七一〜一九七四年）を経て、一九七五年に一九〇万一四四〇人となり、二〇〇万人を割り込み、それ以降は基本的に減少が続いていくことになる。

一九七七年、小学校学習指導要領が改訂された。前回の改訂のもとで授業についていけない子どもや校内暴力が問題化するなかで、「ゆとり教育」へと舵が切られていった。教育内容が精選されたり、高校の卒業単位の見直しが行われたりした。教育の量的拡大はさらに進み、一九七四年度に高校進学率が九〇%を超えた。一九七六年五月、旭川学力調査事件の最高裁判決が出て、学習指導要領には法的基準性がある旨の判断がなされ、戦後長らく争われた問題に最終的な決着がついた。

小松茂久によれば、「高度経済成長は、産業構造を激変させただけではなく、学校教育にも多大な影響を及ぼした。すなわち、経済成長が生活水準を相対的に上昇させ、高度な学校教育を受けようとする人びとが急増した結果もたらされた学校教育の膨張である。その結果、国民の教育要求にどのように応えるかが当時の教育政策の主潮であった。高等教育機関の急激な増大、高校進学率の急上昇によって高学歴社会の実現をみたのである。進学希望者数と収容定員のギャップが受験競争を生じさせるとともに、入学後の学習意欲の低下現象も顕著になっていった。マンモス化する大学におけるマス・プロ授業への批判、反体制運動の高まり、学内の民主化要求など、大学紛争が泥沼化したのが一九七〇年前後であり、これは高校にも飛び火した[27]」という。

高度経済成長期以降、日本の社会において学歴への関心が特に高まったと言える。例えば本田由紀・平沢和司によれば、「日本では、少なくとも高度経済成長期から一九八〇年代にかけての時期には、『学歴社会・受験競争』という主題が、人々にとってきわめて大きな関心事であり続けていた。日本は世界に冠たる『学歴社会』であり熾烈な『受験競争』が存在する国であるという認識は、社会の中でほぼ共有されており、それを前提にしてさまざまな調査研究や（しばしば批判的な）言説の生産、政策提言などが行われていた[28]」という。

（二）鹿児島県の動き

鹿児島県では一九七二年、鹿児島県戦後最大のイベントである「太陽国体」が開催された。国体に向けて鴨池陸上競技場をはじめ、武道館やテニス場などの設備の整備も行われた[29]。鹿児島市では市街地が手狭になったため、一九七二年四月、鹿児島空港が現在の霧島市に移転され、開港した。一九七三年、鹿児島県初の高速道路である九州縦貫自動車道の薩摩吉田－加治木間が開通した。一九七七年には西郷隆盛の没後一〇〇年を記念して「西郷南洲百年祭記念　大西郷博」が開催された。

『鹿児島県の教育行政　昭和四六年度』によれば、一九七〇年五月時点で鹿児島県には、公立小学校が六四三校、公立中学校が三二七校、公立高等学校が八七校設置されていた。在学者については、小学校が一九万八五四七人、中学校が一二万一三九五人であった[30]。同書によれば、鹿児島県の全公立小学校の中で、旧名瀬市の奄美小学校が児童数二一七三名でもっとも大きな小学校であった。谷山小学校については、一九六五人であった。

一九七五年度については、公立小学校数が六二一校、公立中学校数が三一〇校、公立高等学校数が八七校であった[31]。一九七五年三月の中学校卒業者の進学率は九〇・〇%となった[32]。

『鹿児島県史　第六巻　下巻』によれば、「一九七〇（昭和四五）年に策定された長期総合教育計画は、教育白書に提示された課題を克服し、『二〇年後のかごしま』（引用者注：県勢長期ビジョン）に示された将来像の確実な足がかりとなる具体策を計画したものである。現代社会は、経済の成長と社会構造の急激な変化、それにともなう人口移動、老齢化のほか、また、価値観の変化などが個人生活に大きな影響を与えている。この発展・変動というめまぐるしい社会のなかで、『いかに生きるか』という問題を教育の重要なテーマとして、健全な心身を持ち、主体性、創造性、社会性に富む人間を育成することを目指すとした。その具体的施策として学校教育においては、①諸学校を計画的に分離・統合し、教育条件の整備をすすめる。②指導組織の充実、教員の資質向上をはかる。③科学技術教育および産業・職業教育の振興をはかる。④幼児教育、障害児教育、定通教育（定時制・通信制教育）、へき地教育、育英制度の充実をはかる。⑤太陽国体の開催を通して体育・スポーツの振興を図り、児童・生徒の体力向上につとめる、などであった」[33]。

このように、一九七〇年の長期総合教育計画においても、県レベルでは学校統廃合が課題として設定されていたことがわかる。一九六〇年代後半から一九七〇年代は学校統廃合が急速に進められていき、一九六五年度の小学校数は六七三校だったものの、一九七〇年度が六四三校、一九七五年度が六二一校、一九八〇年度が六一一校となった。中学校数は一九六五年度は三五九校だったものの、一九七〇年度が三二七校、一九七五年度が三一〇校、一九八〇年度が三〇二校となった[34]。

例えば旧川内市については、児童数は一九六〇（昭和三五）年が一万一七九六人、一九六五（昭和四〇）年が八七一〇人、一九七〇（昭和四五）年が六五八二人、一九七五（昭和五〇）年が五六七九人と減少していった。また、中学校生徒数については、一九六五（昭和四〇）年が五六二五人、一九七〇（昭和四五）年が四一〇九人、一九七五（昭和五〇）年が三二三八人と減少していった[35]。その一方で、鹿児島市においては、広木小学校（一九七二年）や緑丘中学校（一九七四年）などの小学校・中学校が新設された。

五　一九八〇年代の教育政策

(一) 国レベルの動き

一九八〇年代とは、どのような時代だったのだろうか。政治面では、中曽根康弘内閣（一九八二年一一月～一九八七年一一月）の「戦後政治の総決算」の下で様々な改革が行われ、例えば電気・専売・国鉄の民営化が実施された。こうしたことは、当時のアメリカやイギリスなどと類似しており、規制緩和と民間の活用を特徴とする新自由主義的な改革であったと言える。経済面では、日本とアメリカの貿易摩擦問題が深刻化したものの、日本は一九八〇年代後半にバブル経済を迎え、超好景気となった。その一方で、一九八九年四月、竹下登内閣の下で消費税が導入された。一九八九年一月七日、昭和天皇が逝去し、元号が昭和から平成に改まった。

合計特殊出生率について見ると、一九八九年にはそれまでの出生率の最低を記録した一九六六年（ひのえうま）の一・五八人を下回る「一・五七人」を記録し、「一・五七ショック」と呼ばれた。一九八三年、任天堂から家庭用ゲーム機であるファミリーコンピュータが発売され、子どもだけではなく大人からも人気を得て、さらに日本だけではなく、海外まで普及していった。その一方で、子どもたちのゲームのやり過ぎが健康や学業の面で問題視され、社会問題にもなった。

『学制一二〇年史』によれば、「教育の量的拡大は、当然に教育の質的変化をもたらし、四〇年代後半（筆者注：昭和四〇年代後半）からの二〇年間の学校教育は、量の拡大に伴う質の変化にどう対応するのかが大きな課題となってきた。この間の初等中等教育に関する施策に基本的な方向性を示したのは、一つは四六年（筆者注：昭和四六年、一九七一年）の中央教育審議会の答申であり、いま一つは六〇年（筆者注：昭和六〇年、一九八五年）から六二年の臨時教育審議会の答申であった」という。中曽根首相は教育政策に対して積極的であり、一九八四年八月、内閣総理大臣直属の諮問機関として臨時教育審議会を設置し、教育改革を展開しようとした。臨時教育審議会については、「一九八四年に設置され一九八七年までの間に四回にわたる答申を発表し、一九九〇年代の教育改革の方向性を決定づける役割を果たした。すなわち臨教審答申は『個性重視の原則』『生涯学習体系への移行』『変化への対応』を改革の視点に据え、具体的な改革方途を示したのであり、一九九〇年代に文部省から打ち出された教育政策は程度の差はあれ基本的にはこの答申に沿ったものであった」と小松茂久は分析している[36]。

戦後改革後の学校教育については、一九七〇年代以降は様々な教育課題が生じてきた。これらの教育課題にまず向き合おうとしたのが一九八〇年代の臨時教育審議会などである。

(二) 鹿児島県レベルの動き

鹿児島県の一九八〇年代については、一九八〇年、鹿児島市の人口が五〇万人を突破した。中曽根首相の行政改革によって、一九八七年四月、国鉄が分割民営化される中で、鹿児島県の私鉄をはじめとする鉄道の状況は厳しく、薩摩半島を南下していた鹿児島交通の南薩鉄道（伊集院～枕崎）は一九八四年、全線が廃止された。同鉄道は県内唯一の私鉄であった。一九八七年一月には国鉄宮之城線が廃止され、三月には国鉄大隅線および志布志線が廃止された。その一方で、一九八四年八月、川内原子力発電所が営業運転し始めた。

子どもたちの生活については、一九八四年一〇月、鹿児島市の平川動物公園にオーストラリアからコアラ二匹が来ることになり、以後、同動物公園の「顔」と言ってもよい動物となっていった。一九八七年八月、鹿児島法務局が初の「いじめ相談電話」を開設することになり、鹿児島県においても子どものいじめ問題に向き合う動きが高まっていったことがわかる。

一九八〇年代の鹿児島県の学校教育については、『鹿児島県の教育行政　昭和五五年度』によれば、一九八〇年四月時点で鹿児島県には、公立小学校が六一一校、公立中学校が三〇二校、公立高等学校が八八校設置されていた。在学者については、小学校が一六万二二七三人、中学校が八万一一〇五人であった。鹿児島県の全公立小学校の中で、鹿児島市の吉野小学校が児童数二二三五名でもっとも大きな小学校であった[37]。

鹿児島市の谷山小学校については、児童数が一六九八人であった。東谷山小学校は二一〇三人であった[38]。「日本一のマンモス校」だった谷山小学校の校区については、一九六八年に東谷山小に分かれ、一九八〇年代までに西谷山小、清和小にも分かれたため、谷山小も含めて四つの小学校へと分かれた。

一九八〇年代についても、児童生徒数の減少が進み、学校統廃合がひとつの課題となった。例えば、旧川内市については、川内西中学校と川内東中学校が統合し、一九八二年四月、川内中央中学校が開校された。その一方で、鹿児島県全体の人口は一九八〇年代に一八〇万台まで回復するということがあった。例えば、旧川内市については、一九八〇年の人口は六万五六四五人であり[39]、さらに一九八四年一二月には七万人を突破した[40]。こうしたことから、県全体の人口は若干増加傾向にあったのに対して、児童生徒数は減少していったことがわかる。

中学校卒業後の進路については、高校進学率が一九七五年以降、九〇%を超え、一九八〇年代は微増していった。それに対して、就職率は一九八〇年が四・七%、一九八五年が三・一%であり、一九七五年に一〇%を切って以降、さらに低下していった[41]。高校卒業後の進路については、就職率は一九八〇年が五六・一%、一九八五年が五三・八%であった[42]。一九八七年に五〇%を割るもの[43]の、戦後昭和の時代は基本的に高校卒業後は多くの生徒が就職したと言える。大学等進学率については、一九八〇年は二七・九%だったものの、一九八六年には三〇・八%となり、三〇%を超えた[44]。一九八七年三月卒業の女子生徒については、卒業生全体が九三一六人であり、大学に進学した生徒が八〇六人、短期大学に進学した生徒が二五一二人であった。女子生徒の中で大学に進学した割合は一〇%未満であったことがわかる。

六　学校教育政策の戦後昭和史

鹿児島県の学校教育の戦後昭和史を振り返ると、一九五〇年代については児童生徒数が急激に増加した。こうした中でも終戦後の子どもたちが落ち着いて勉強できるようになった時期であり、その中で学力への関心が高まった。しかしながら、全国調査では学力に課題があることが明らかになった。さらに一九五七年の高校進学率は四〇％を超えたものの、市郡間の違いが大きく、進学率に格差がある状況だった。

一九六〇年代については、高度経済成長期の中で学校教育の拡大が進んだ。一九六五年の高校進学率は六〇％を超えた。その一方で、一九六〇年代後半からは児童生徒数が減少していき、小中学校の統廃合の問題が生じてきた。さらに、学力調査の結果では当時はほとんど強調されなかったものの、地域間の違いが大きかった。一九六〇年代から学力の地域間の違いが大きかったものの、この点が強調されず、課題が見過ごされてきたと言えるだろう。

一九七〇年代については、一九七五年に高校進学率が九〇％を超えた。日本全体の高校進学率が九〇％を超えたのが一九七四年であるため、一年遅れで達成したことになる。一九六〇年代後半から一九七〇年代は学校統廃合が急速に進められた時代である。一九六五年度の小学校数は六七三校だったものの、一九八〇年度は六一一校まで減少した。中学校数は一九六五年度が三五九校だったものの、一九八〇年度は三〇二校まで減少した。

一九八〇年代については、児童生徒数の減少が進み、ここでも学校統廃合がひとつの課題となった。県全体の人口は若干増加傾向にあったのに対して、児童生徒数は減少していった。高校卒業後の進路については、一九八六年に大学等進学率が三〇％を超えた。就職率は低下傾向であり、一九八七年に五〇％を割ったものの、戦後昭和の時代は基本的に高校卒業後は多くの生徒が就職したと言える。

このように、鹿児島県の学校教育の戦後昭和史を振り返ると、変化が激しい時代だったと言えるだろう。終戦後の児童生徒数の増加に合わせて小中学校が配置されてきたものの、一九六〇年代後半からの児童生徒数の減少によって小学校・中学校の統廃合の問題が発生した。一九五〇年代から学力への関心が高まった一方で、県レベルの結果と全国平均との比較が重視され、鹿児島県内の地域間の学力の違いは見過ごされてきた。子どもたちの進路については、高校進学率および大学等進学率が向上してきた一方で、高校進学に格差があった時代から、大学等進学に格差がある時代へと変わっていった。

〔注〕

（1）鹿児島県教育委員会編『鹿児島県教育の現状と課題』鹿児島県教育庁調査課、一九六八年、付表二五頁。
（2）寺師忠夫「本県小中学校の学力と学校規模」『鹿児島県教育心理研究会々報』第四号、一九五六年、二九頁。
（3）鹿児島県教育庁調査課『調査速報』一九五八年、五－六頁。
（4）鹿児島県教育委員会編『鹿児島県教育の現状と課題』鹿児島県教育庁調査課、一九六八年、付表二五頁。
（5）川内市教育委員会編『川内市教育委員会沿革史　戦後五〇年の歩み』一九九六年、一五六－一五七頁。
（6）鹿児島県教育委員会編『長期総合教育計画』一九七〇年、五九頁。

(7)深尾兼好「懐かしい暮らしの情景」原口泉監修『写真アルバム　鹿児島市の昭和』樹林舎、二〇一六年、九七頁。
(8)永野林弘編『鹿児島県教育の総反省と今後の方策』鹿児島県教育委員会事務局、一九五二年。
(9)鹿児島県教育委員会編『昭和三六年度　鹿児島県の教育行政』一九六一年、六頁。
(10)同上書、七二頁。
(11)同上書、七一頁。
(12)原口泉監修『写真アルバム　鹿児島市の昭和』樹林舎、二〇一六年、二〇二頁。
(13)原口泉・宮下満郎・向山勝貞『鹿児島県の近現代』山川出版社、二〇一五年、三〇二―三〇三頁。
(14)同上書、三〇四頁。
(15)鹿児島県教育庁総務課編『教育行政・財政資料　平成一六年度』二〇〇五年、八頁。
(16)鹿児島県教育委員会『鹿児島県教育史　下巻』鹿児島県立教育研究所、一九六一年、三九三―三九四頁。
(17)同上書、三九五頁。
(18)原口・宮下・向山、前掲書、三二七頁。
(19)中野町正利「戦後の風景や街並み」原口泉監修『写真アルバム　鹿児島市の昭和』樹林舎、二〇一六年、六三頁。
(20)麓純雄『鹿児島市の歴史入門』南方新社、二〇一六年、一五〇頁。
(21)鹿児島県編『鹿児島県史　第六巻　下巻』二〇〇六年、五五九頁。
(22)同上書、六〇六頁。
(23)鹿児島県教育委員会編『鹿児島県教育の現状と課題』鹿児島県教育庁調査課、一九六八年、一一八頁。

(24) 鹿児島県教育委員会編『昭和四一年度全国学力調査報告書　小学校（教育行政資料第六部）』一九六七年、八頁。

(25) 増永昭一郎『鹿児島の教育を考える』春苑堂書店、一九九八年、二七－二八頁。

(26) 田頭壽雄「戦後の学校」原口泉監修『写真アルバム　鹿児島市の昭和』樹林舎、二〇一六年、一八三頁。

(27) 小松茂久『学校改革のゆくえ―教育行政と学校経営の現状・改革・課題［改訂版］』昭和堂、二〇〇五年、五九頁。

(28) 本田由紀・平沢和司「学歴社会・受験競争　序論」広田照幸監修、本田由紀・平沢和司編『第二巻　学歴社会・受験競争』（リーディングス　日本の教育と社会）、日本図書センター、二〇〇七年、三－四頁。

(29) 原口泉監修『写真アルバム　鹿児島市の昭和』樹林舎、二〇一六年、vi頁。

(30) 鹿児島県教育委員会編『鹿児島県の教育行政　昭和四六年度』一九七一年、八頁。

(31) 鹿児島県教育委員会編『鹿児島県の教育行政　昭和五〇年度』一九七五年、一九頁。

(32) 鹿児島県教育庁総務課編『教育行政・財政資料　平成一六年度』二〇〇五年、八頁。

(33) 鹿児島県編、前掲書、五五三－五五四頁。

(34) 鹿児島県教育庁編『教育行政・財政資料（昭和六二年度）』一九八八年、一〇頁。

(35) 川内市教育委員会編、前掲書、一五六－一五七頁。

(36) 小松、前掲書、六一頁。

(37) 鹿児島県教育委員会編『鹿児島県の教育行政　昭和五五年度』一九八〇年。

(38) 同上書、九一頁。
(39) 川内市教育委員会編、前掲書、一五三頁。
(40) 川内郷土史研究会編『年表　川内の戦後五十年』一九九五年、七〇頁。
(41) 鹿児島県教育庁総務福利課編『教育行政・財政資料（平成一八年度）』二〇〇七年、八頁。
(42) 同上書、九頁。
(43) 鹿児島県教育庁編『教育行政・財政資料（昭和六二年度）』一九八八年、九頁。
(44) 同上書、九頁。

第二章　日本および鹿児島県における学校教育政策の平成史

栗原　真孝

一　平成時代の始まりと少子化

一九八九年一月七日、昭和天皇が崩御され、翌日に元号が「昭和」から「平成」に変わり、平成時代がスタートした。一九八九年一二月、アメリカのブッシュ大統領が地中海のマルタ島でソ連のゴルバチョフ書記長との首脳会談を開き、冷戦の終結を確認しあった。一九八九年一一月のベルリンの壁解放に続いて、一九九〇年一〇月には東ドイツと西ドイツが統一され、ドイツ連邦共和国となった。こうした冷戦の終結に伴い、世界のグローバル化が進むことになった時期に、日本の平成時代はスタートした。

日本は一九八六年から一九九一年までバブル経済を経験したものの、バブル経済の崩壊以降、「失われた二〇年」と呼ばれる経済不況が長い間つづいた。一九八九年、当時の竹下内閣の下で消費税（三％）が導入され、景気の悪化が懸念されていた一方で、日経平均株価は史上最高値を記録した。しかしながら、一九九一年、バブル経済の崩壊を迎え、日本経済は低成長の時代へと入っていった。一九九三年、日本新党の細川護熙が総理大臣となり、非自民八党派による連立内閣が組まれたことによって三八年間つづいた「五五年体制」が終わりを迎えることとなった。一九九〇年代は政治・経済問題だけではなく、一九九五年一月、阪神・淡路大震災が発生し、多くの死傷者を出した。また、一九九五年三月、東京で地下鉄サリン事件が発生し、テロ事件が国民の安全を脅かした。

一九九〇年代後半は国民生活にも世界のグローバル化が影響を及ぼし始める。一九九五年、Ｗｉｎｄｏｗｓ九五が発売され、インターネットが一般の人々に普及していくきっかけとなった。一九九〇年代後半は携帯電話が国民生活の中に普及していく時期でもあった。こうしたグローバル化による変化だけではなく、合計特殊出生率が低下していく中で、一九九〇年前後に当時の経済企画庁が「少子化」という造語をつくり[1]、平成の時代のひとつのキーワードになった。国レベルにおいても、鹿児島県レベルにおいても、少子化は学校教育に大きな影響を与える「課題」となっていった。

鹿児島県については、一九九〇年、ＮＨＫ大河ドラマの「翔ぶが如く」が放送され、舞台となった薩摩が注目された。一九九三年、八・六豪雨水害が発生し、一〇〇名を超える死者が出る大惨事であった。同年一二月、屋久島が世界自然遺産に登録され、県内初の世界遺産となった。一九九五年時点で人口が五五万人弱だった鹿児島市は、一九九六年四月に中核市へと移行した。同年八月、須賀龍郎氏が鹿児島県知事に就任し、同年一一月に鹿児島県庁が鹿児島市鴨池新町の新庁舎に移転し、行政活動が新たな形で始動した。「バブル景気の影響の小さかった本県経済は、バブル崩壊の影響も比較的小さかった[2]」という。その一方で、鹿児島県の人口は一九九〇年代に一七〇万人台まで減少し、徐々に人口減少社会へと向かうこととなった。

二　一九九〇年代の教育政策

(一) 国レベルの動き

一九九〇年代の学校教育の歴史を振り返ると、一九八九年、小学校、中学校、高等学校の学習指導要領が同時に改訂された。「新学力観」が打ち出され、以後、学力に対する考え方が変化していった。小学校一・二年生では理科と社会を廃止し、教科「生活」が新設された。一九九二年に学校週五日制が月一回導入され、子どもの日々の過ごし方に大きな変化を与えた。

続いて、一九九八年に小学校および中学校の学習指導要領が改訂され、高校は一九九九年に学習指導要領が改訂された。一九八九年の学習指導要領改訂では「自己教育力」、一九九八年の改訂では「生きる力」がキーワードとなり、学力の観方が変化した。同時に、教育内容の大幅な削減に踏み切るとともに、教科の枠に捉われない体験重視の「総合的な学習の時間」が導入された。時を同じくして一九九〇年代後半からは、大学生の学力に端を発する学力低下論争が出現し、「ゆとり教育」による「学力低下」を危惧する声の高まりを背景に、二〇〇三年に学習指導要領の一部改正がなされるということがあった。以降、学習指導要領は「最低基準」と位置付けられ、「発展的な学習」が認められるようになった。一九九〇年代には、日本の学校における外国籍児童生徒の人数が増加していき、製造業が盛んな地域などでは外国籍児童生徒の教育がひとつの課題となっていった。

（二）鹿児島県の動き

鹿児島県においては、一九六〇年前後のピーク時に比べて、一九九〇年度の児童数が約半分になり、一九九〇年代に少子化の影響が大きく出ていたと言える。その一方で、鹿児島市については、一九九一年に皇徳寺小、一九九三年に伊敷台小が新設されるなど、少子化とは逆の動きが進んでいたと考えられる。一九九八年四月、枕崎高等学校に県内初の総合学科が設置され、総合学科は普通科・専門学科につぐ「第三の学科」として注目された。

『鹿児島県の教育行政　平成二年度』によれば、一九九〇年五月時点で鹿児島県には、公立小学校が六〇七校、公立中学校が二九〇校、公立高等学校が八二校設置されていた。在学者については、小学校が一五万九〇三人、中学校が七万七三四五人であった。鹿児島県の全公立小学校の中で、鹿児島市の谷山小学校が児童数一五一〇名でもっとも大きな小学校であった。[3] 一九八〇年度（三校）と比べると、児童数二〇〇〇名を超える小学校がなくなった。

鹿児島県教育委員会では一九九〇年三月末、濵里忠宣教育長が退任した。鹿児島県の学校教育史の中で、教員出身者が教育長を務めた珍しい時期であったと言える。教育長時代の濵里は「豊かな鹿児島の教育風土に根ざした全人教育」という意味での郷土教育という大きな軸を立てた上で、郷土教育とは「『過去との対話であると同時に、未来との対話ともいうべき教育』であります。われわれは、きちんとした歴史認識に立って、われわれが一体どこからきたのかという自覚を持たなければいけないと思うのであります。『過去との対話』をきちんとしておくということ、そのことを踏まえて、『未来と対話』し、『未来を創造』していく営みこそが、真の教育といえるのであります。したがいまして、それは、歴史とか、伝統とか、文化とか、われわれが生きている自然とか、そういうものに根ざした教育であり、同時に未来エネルギーを創造していくための教育でありま す。そういう意味で、もし、私どもが唱えている『郷土教育』というこの施策体系の中から、未来へのエネルギーが生まれてこなかったら、この郷土教育の進め方にどこか問題があるのではないか、というふうに理解しなければいけないと思います」と論じている。[4] 平成時代の鹿児島県の教育政策の方向性は大きくは変化していないため、濵里の指摘は示唆に富む。

三　二〇〇〇年代の教育政策

(一) 国レベルの動き

二〇〇一年、行政の効率化を目指し、中央省庁が再編された。この中で、文部省と科学技術庁が統合され、文部科学省が誕生した。二〇〇一年四月、小泉純一郎が第八七代総理大臣に就任し、小泉内閣の下で「聖域なき構造改革」が進められた。例えば、働き方の多様化を目指して労働派遣法が二〇〇三年に改正され、製造業への派遣が解禁されると、非正規雇用の拡大が進んでいった。

世界の動きを見てみると、二〇〇八年にアメリカの投資銀行の破綻をきっかけに、「リーマンショック」という世界的金融危機が起きた。この影響を受けて日本企業においても、いわゆる「派遣切り」が行われた。リーマンショックは、経済を中心とする世界のグローバル化が日本にも大きく関わっていることを痛感させる出来事であった。鹿児島県についても、皆村武一によれば、「伊藤県政二期目に入ってまもない二〇〇八年九月、アメリカのサブプライム問題に端を発した金融危機が、世界経済・日本経済を襲った。〇八年前期の営業利益が二兆二七〇〇億円だったトヨタ自動車は後期には二七〇〇億円の赤字に転落した。他の自動車会社も営業利益は大幅に減少し、赤字に転落した。そのため、大幅な人減らし、特に非正規・派遣労働者の大量解雇を行った。県内でもパイオニア、ソニー、ＮＥＣ、日特、協栄など、非正規・正規労働者の解雇が続いた。第二地銀も大きな損失を被った[5]」という。

リーマンショックによって多くの先進国が経済不況に苦しむ中で、中国は国内経済を活性化させることで経済の早急な立て直しを図った。結果、二〇一〇年には中国がＧＤＰで日本を上回り、日本は世界第三位に後退した。

学校教育についていては、二〇〇〇年代は国レベルの教育制度が大きく変化した時期と言えるだろう。例えば、義務教育諸学校標準法（公立義務教育諸学校の学級編成及び教職員定数の標準に関する法律）が改正され、二〇〇一年度から都道府県・政令指定都市の判断で一学級の上限三〇人が可能となった。また、一九九八年改訂の学習指導要領が二〇〇二年度から実施されるとともに、完全学校週五日制についても、二〇〇二年度から実施された。さらに、義務教育費国庫負担制度については、二〇〇四年度に総額裁量制が導入され、二〇〇六年度に国庫負担割合が一／二から一／三に変更された。同制度のこうした改革は、「三位一体改革」（①国庫負担金の廃止、②税財源の移譲、③地方交付税の見直し）の一環として実施された。三位一体改革は「二〇〇一年の中央省庁再編に伴って新たに設立した経済財政諮問会議を舞台として活発になされた。義務教育費国庫負担金制度を維持したい文部科学省、教育界に対し、同制度の廃止と税源の移譲を求める総務省、地方自治体という構図のなかで、義務教育費の国庫負担比率は二分の一から三分の一へと縮減されるにいたった」[6]。

二〇〇六年末、教育基本法が改正された。昨今の日本の教育政策を掘り下げると、まず出発点として、教育基本法の改正があると言っても過言ではない。教育基本法は戦後日本の教育理念であり、「教育の憲法」と呼ばれるほど極めて重要な教育の根本法である。同法は制定以来約六〇年間、改正されることはなかったものの、二〇〇六年末に初めて改正された。改正された理由を大きく考えると、「子どもを取り巻く環境の変化」と「子どもの変化や子どもに求められているものの変化」である。改正教育基本法の主な変更点のひとつとしては、教育振興基本計画が規定されたこと言える。鹿児島県についても、これまでに三度策定されている。教育振興基本計画の策定が義務または努力義務にされたことで、教育政策が中長期的な計画のもとに実施されることになり、教育政策の実施形態が大きく変わった。鹿児島県下の市町村を見ると、多くの自治体のホームページに教育振興基本計画が公表されている。

教育基本法の改正を踏まえて、二〇〇八、二〇〇九年に学習指導要領・幼稚園教育要領が改訂された。この改訂によって、一九七〇年代からのゆとり重視の方向性から、学力重視の方向性に舵が切られたと言える。二〇〇〇年以降の先進国の教育政策の特徴について考えると、国際学力調査の結果が各国の教育政策に影響を与えていることがひとつの特徴である。日本の学習指導要領等の改訂に対しても、国際学力調査の結果が影響を与えたと言える。さらに、二〇〇七年度からは全国学力・学習状況調査が実施されるようになった。全国学力・学習状況調査の実施については、小泉政権下で出された日本経済団体連合会の提言が大きな影響を与えたことが指摘されている[7]。

学力重視の方向性については、石井英真によれば、「二〇〇七年から始まった『全国学力・学習状況調査』（以下、全国学力テスト）は、『知識』問題（A問題）と『活用』問題（B問題）で構成されています。そして、二〇〇八年に改訂された学習指導要領では、『習得』『活用』『探求』をキーワードとする『確かな学力観』（『総合的な学習の時間』等において教科横断的で問題解決的な『探求』活動を組織するとともに、教科学習においては、基礎的・基本的な知識・技能の『習得』と、知識・技能の『活用』を通した思考力・判断力・表現力等の育成を『車の両輪』として重視する）が示されました。……『確かな学力』観の下での『学力向上』政策の特徴は、『知識・技能』でも『関心・意欲・態度』でもなく、『知識・技能を活用して課題を解決するために必要な思考力・判断力・表現力等』（活用する力）が重視されている点にあります。さらに、思考力・判断力・表現力については、各教科の内容を活用して思考し判断したことを、記録・要約・説明・論述・討論といった言語活動（図・グラフ、構想や設計なども含む）を通じて評価することとされており、思考力と表現力とを、そして、思考することとコミュニケーションすることを一体のものとして指導し評価していく方向性が示された[8]」という。

二〇〇九年九月、政権交代によって民主党を中心とする連立政権が誕生した。民主党政権下の教育政策では、二〇一〇年度に子ども手当が導入され、月額一万三〇〇〇円が対象の世帯に支給されるようになった。また、高校の授業料無償化・就学支援金法が施行された。義務標準法が改正され、二〇一一年度から小学校一年生で三五人学級が導入された。さらに、二〇一二年の中央教育審議会答申に見られるように、教員養成課程を六年制にすることが目指された。しかしながら、二〇一〇年の参議院議員選挙で与党が過半数の議席数を失ったことにより、二〇一二年度から子ども手当が廃止され、高校の授業料無償化・就学支援金法についても見直され、二〇一四年度から年収九一〇万円未満に所得制限が課されるようになった。

二〇一一年三月一一日、東日本大震災が発生した。この大きな自然災害は日本人の考え方などに大きな影響を与えたと言える。

(二) 鹿児島県の動き

鹿児島県については、二〇〇四年七月、伊藤祐一郎氏が知事に就任した。その少し前の二〇〇四年三月、西鹿児島駅は九州新幹線の部分開業にあわせて鹿児島中央駅と名称を変更した。九州新幹線は二〇〇四年の部分開業(鹿児島中央-新八代間)の後、二〇一一年に博多から鹿児島中央までの全線開業となった。二〇〇四年九月、鹿児島中央駅ビルの複合商業施設アミュプラザ鹿児島が開業し、鹿児島中央駅付近の環境を大きく変えた。このように鹿児島中央駅は鹿児島の「陸の玄関口」となっていった。「空の玄関口」としての鹿児島空港については、二〇一二年四月に関西と鹿児島間の格安航空会社の運航が開始され、以降格安航空会社の参入が進んでいる。鹿児島空港では国際線が一九七二年の開港当初から運行されており、現在はソウル線、上海線、台北線、香港線があり、充実してきている。

二〇〇〇年代は市町村合併が促進された時期でもあった。鹿児島県では「平成の大合併」によって、市町村数は九六（二〇〇四年九月時点）から四三になった。例えば、薩摩川内市は九市町村が二〇〇四年一〇月に合併した。鹿児島市は平成の大合併の中で人口六〇万人を超えるまでになった。

二〇〇七年、郊外型のショッピングモールが鹿児島市東開町に誕生した。二〇〇〇年、大規模小売店舗法が廃止されるとともに、大規模小売店舗立地法が施行され、鹿児島県においても徐々に郊外の大型店がつくられていった。その一方で、歴史的な繁華街である「天文館」に所在したタカプラは、二〇一八年二月に閉館した。一九三六年に県内二番目の百貨店（大見高島屋）として誕生し、一九七五年、ファッションビル（高島屋プラザ）として生まれ変わり、一九九〇年、名称をタカプラに変更した経緯があった。

鹿児島県の学校教育については、高校卒業者数が年々減少していき、一九九〇年三月の卒業者数は二万五一四四人だったものの、二〇一〇年三月には一万七一八二人となり[9]、約八〇〇〇人減少した。少子化は国レベルで一九九〇年前後から指摘され始め、鹿児島県では二〇〇〇年代の大きな課題のひとつになったと言える。

二〇〇〇年代は、二〇〇〇年の単位制高校である鹿児島県立開陽高等学校の設置、二〇〇六年の鹿児島玉龍中高一貫教育校の設置などに見られるように、「新しいタイプの学校」が誕生した。その一方で、二〇〇七年度からは全国学力・学習状況調査が実施されるようになり、同調査の結果は鹿児島県においても高い関心が寄せられているだけではなく、鹿児島県の教育政策にも影響を与えるようになった。また、二〇〇九年、鹿児島県教育振興基本計画が初めて策定され、鹿児島県教育振興基本計画では、基本目標として「あしたをひらく心豊かでたくましい人づくり」とし、「知・徳・体の調和がとれ、主体的に考え行動する力を備え、生涯にわたって意欲的に自己実現を目指す人間」、「伝統と文化を尊重し、それらを育んできた我が国と郷土を愛する態度を養い、これからの社会づくりに貢献できる人間」を育成することが目指された。

『平成一二年度　鹿児島県の教育行政』によれば、二〇〇〇年五月時点で鹿児島県には、公立小学校が五九八校、公立中学校が二七六校、公立高等学校が八二校設置されていた。在学者については、小学校が一一万五〇六四人、中学校が六万四九二三人であった。鹿児島県の全公立小学校の中で、鹿児島市の谷山小学校が児童数一二八四名でもっとも大きな小学校であった。児童数一〇〇〇名を超える小学校は五校であった（鹿児島市立西陵小学校、西紫原小学校、伊敷台小学校、谷山小学校、和田小学校）[10]。

また、皆村武一によれば、「本県の生活保護世帯数は九三年度には八万九二八〇世帯（一一・二％）だったのが、〇四年度は二〇万六七四一世帯（二〇・〇％）へと大幅に増加している。その後も増加の一途をたどっている。これもグローバル化がもたらした格差社会の現象の一つである」[11]という。国レベルでは二〇一〇年前後から子どもの貧困が問題視されるようになり、鹿児島県についてもその例外ではなかったことがわかる。

四　二〇一〇年代の教育政策

(一) 国レベルの動き

二〇一二年末、再度の政権交代によって、安倍晋三首相の下で自民党政権が誕生した。その是非はともかく、前政権の政策の方向性とは大きく変わった。教育政策はその代表例のひとつと言えるだろう。例えば、二〇一〇年前後の民主党政権では教員養成課程を六年制にすることが目指されてきたものの、この構想は実質的に取り下げられた。安倍内閣ではアベノミクスという経済・財政政策によって、不景気からの脱却が目指されている。

安倍首相は二〇一三年一月に教育再生実行会議を設置した。以来、教育再生実行会議の提言が政策化されるという傾向が、現在の教育政策の特徴のひとつとしてある。教育再生実行会議は二〇一九年一二月までに一一回にわたる提言を取りまとめ、安倍内閣の教育再生を牽引する役割を果たしてきている。教育再生実行会議の提言が政策化された内容としては、いじめ防止対策推進法の制定、小学校英語の教科化、地方教育行政の組織及び運営に関する法律の改正、義務教育学校の制度化などである。

こうした中で、藤田英典は昨今の教育政策の特徴のひとつとして、「政治主導」ということをあげている。一九八四年に設置された臨時教育審議会を始まりとし、「政策決定の基本的な枠組が、中教審・文科省の主導から、必ずしも教育を主要課題としていない審議機関や、学問的・実践的な専門性の点で疑問のある審議機関の主導へと転換することになり（専門性の軽視・低下）、そして、その結果、日本の教育システムは、理念・学校体系・教育課程・教育実践のすべての側面で歪みや矛盾を抱え込むことになり、卓越性と成功の基盤を掘り崩されてきた[12]」と指摘している。

（二）鹿児島県の動き

鹿児島県については、二〇一一年以降の人口が一七〇万人台を割り始め、二〇一七年（一〇月）の人口は一六二万五四三四人である。人口増加を続けてきた鹿児島市についても、ついに六〇万人を割るまでになった。その一方で、二〇一一年に九州新幹線が博多から鹿児島中央までの全線開業となったことに始まり、近年は鹿児島の歴史や文化に焦点があてられてきた。二〇〇八年、NHK大河ドラマ「篤姫」が放送された。旧集成館が二〇一五年に世界文化遺産に登録された。さらに、明治維新一五〇周年の二〇一八年、NHK大河ドラマ「西郷どん」が放送された。その他にも、二〇一四年、鹿児島県出身の赤崎勇氏がノーベル物理学賞を受賞した。

二〇一六年七月、鹿児島県知事に三反園訓氏（〜現在）が就任した。前知事は新自由主義的な側面が強い政策を進めてきたと言える。二〇一五年五月以降、鹿児島県総合教育会議が開催されており、現知事の動向が注目される。

『平成二二年度　鹿児島県の教育行政』によれば、二〇一〇年四月時点で鹿児島県には、公立小学校が五七六校、公立中学校が二四八校、公立高等学校が七四校設置されていた。在学者については、小学校が九万四〇四七人、中学校が四万八三八〇人であった。鹿児島県の全公立小学校の中で、鹿児島市の谷山小学校が児童数一一八五名でもっとも大きな小学校であった。児童数一〇〇〇名を超える小学校は三校であった（鹿児島市立吉野小学校、谷山小学校、中山小学校）[13]。

二〇一〇年代について考えると、県内全体での土曜授業の開始、公立小中一貫校の坊津学園の設立、学校統廃合、コミュニティスクールの設置、楠隼中高一貫校（三〇人学級を導入）の開校など、様々な新しい動きが出てきた。

二〇一一年三月に実施した公立高校入試では平均倍率が一倍を下回るということが起きた。以降、平均倍率は一倍を下回っている。さらに、二〇一八年三月に実施された公立高校入学者選抜学力検査では、受験生が一万人を切るということがあった。こうした少子化の影響は、公立高校の受験者を減らすだけではなく、県立高校が設置されている市町村においても危機感を募らせている。例えば伊佐市では、二〇一四年度から大口高校の生徒を対象に一部の大学進学予定者への財政支援を開始した。また、少子化の影響は鹿児島市の小中学校にも生じており、鹿児島市における「平成二六年度の小学校の児童数はピーク時（昭和五八年：四万九五九一人）から約一万七〇〇〇人減少（平成二六年：三万二五二九人）し、中学校の生徒数はピーク時（昭和六二年：二万五一一八人）から約九〇〇〇人減少（平成二六年：一万六〇四二人）してい」る[14]。その一方で、例外的な動きとして、二〇一四年度、鹿児島県の県央に位置する姶良市では、松原なぎさ小学校が新設された。

鹿児島県においても、全国学力テストの結果が教育政策に大きな影響を与えている。二〇一三年度から、活用力を問う問題も出題する鹿児島学習定着度調査が実施されるようになった。対象は小学校五年生、中学校一年生、中学校二年生である。教科は国語、社会、算数（数学）、理科であり、中学生は英語も試験の教科となっている。全国学力テストの影響は子どもたちに対してだけではなく、教員に対しても出ている。二〇一四年度、鹿児島県教育委員会では、学力向上を図るため、小中学校の教員を対象とする手引書「学びの羅針盤」が作成された。二〇一五年度には教員の授業力（国語および数学）を向上させるために、指導主事を市町村立中学校に派遣する政策が講じられた。さらに、二〇一五年一〇月～一一月、全国学力・学習状況調査の結果を受けて、臨時の校長研修会が開催された。全公立小中学校の校長が対象であった。全国学力テストの結果の最大の影響は、二〇一五年度から県内の公立小中学校において土曜授業が月一回導入されたことではないだろうか。

二〇一一年の大津市の中学生いじめ自殺事件以降、鹿児島県においても、いじめ対策が進められてきている。二〇一四年三月、鹿児島県教育委員会は鹿児島県いじめ防止基本方針を策定した。いじめ防止基本方針をただの「スローガン」にさせないためにも、教員や専門スタッフの配置の充実が求められていると言える。

二〇一五年、県立高校再編に関する様々な議論を経て、県立の楠隼中高一貫校が開校された。菊地栄治は、「かつては、『公立も私立もそれぞれの特徴を生かし合って』という暗黙の前提があったが、『税金を投入されているのだから公立高校がもっと進学実績を挙げて社会的責任を果たすように』という圧力が加わっていく。このことは、学区の拡大傾向を惹起する。あるいは、私立進学校を範とする公立中高一貫校の導入を急がせる。少数のエリート校をせり出させることで、『公立高校ががんばっている』というイメージを納税者に抱かせようとするのである[15]」と分析しており、楠隼中高一貫校の今後の動向に注目したい。

五　学校教育政策の平成史

新幼稚園教育要領・学習指導要領は、幼稚園がすでに二〇一八年度から実施されており、小学校が二〇二〇年度、中学校が二〇二一年度、高校が二〇二二年度（年次進行）から実施予定である。新学習指導要領では、新たな教育方法としてアクティブ・ラーニングが導入される。センター試験の後継となる大学入試共通テストについては、二〇二一（令和三）年一月から実施予定であり、二〇一八年度の高校入学生から対象となる。同テストの枠組みの中で、民間の英語試験が活用される予定だったものの、二〇一九年一一月に見送られることになった。センター試験はすべてがマークシート式であるのに対して、大学入学共通テストは国語と数学で記述式問題を導入する予定だったものの、二〇一九年一二月に見送られることになった。ただし、二〇一七年末の試行調査では、複数の資料を読み解いたり、探求活動を重視したりする問題が各教科で出され、センター試験とは出題傾向が変わったのも事実である。

こうした動向からは、今後、国レベルの大きな教育改革がなされることがわかり、鹿児島県の教育政策にも影響を及ぼすと考えられる。すでに県内の小中学校、高校ではアクティブ・ラーニングの模索が始まっている。公立高校の入試では、大学入試共通テストを意識した問題が出題されるようにもなった。

鹿児島県の学校教育の平成史を振り返ると、一九九〇年代については少子化が進行していった。児童生徒数が非常に多かった一九六〇年は小学校が六八三校、中学校が三六一校であったものの、一九九〇年は小学校が六〇七校、中学校が二九〇校まで減少した。その一方で、県内初の総合学科が枕崎高等学校に設置され、「新しいタイプの学校」が生まれ始めた。鹿児島県における学校制度の多様化への一歩と言える。

二〇〇〇年代については、国レベルの教育改革が進められ、鹿児島県に大きな影響を及ぼすようになった。例えば、学力テストの結果が教育政策に影響を及ぼすようになった。学力テスト以外にも、県教育振興基本計画の策定、新しいタイプの学校の設置など多くの内容があげられる。また、児童生徒数の減少の影響が小中学校だけではなく、高等学校にまで大きく出るようになり、高校についても再編が進められた。

二〇一〇年代については、それまで以上に学力重視の見方が強まっていると言えるだろう。その象徴的な政策は県内公立小中学校での土曜授業の導入である。いまここで学力とは何かを再考することが重要ではないだろうか。安彦忠彦は学力を学校教育を通して広く身につけさせる能力と設定している[16]。このように考えた場合、現在の鹿児島県における学力重視の見方は、学力テストで点数がとれる学力と設定し、学力を矮小化してとらえているのではないだろうか。例えば、鹿児島市の小学校については、ホームページ上で全国学力テストの結果を公表している事例がある。小学校教育を通して身につける学力は、基礎学力の重要な部分を占めている。このため、もし公表するのであれば、全国学力テストの結果よりも、すべての児童に基礎学力を身につけてさせているか否かを公表すべきなのではないだろうか。また、二〇一〇年代は学校統廃合がさらに進められ、二〇一八年は小学校が五〇四校、中学校が二一九校（義務教育学校が二校）まで減少している。高校レベルの再編とそれに抗う動きを見ていると、少子化への対応は容易ではないことがうかがえる。

近年の国レベルの教育政策の多くが教育再生実行会議の提言が出発点になっており、教育再生実行会議の提言を見ていると今後さらに教育改革が進められていくと考えられる。教育改革の動向を注視するとともに、どのような影響が鹿児島県に及ぼされる可能性があるかを検討していきたい。

〔注〕

（1）今野喜清ほか編『第三版　学校教育辞典』教育出版、二〇一四年、四三六頁。

（2）皆村武一『鹿児島の戦後経済社会史―自立・共生・持続可能な社会の創造にむけて―』南方新社、二〇一〇年、二九三頁。

（3）鹿児島県教育委員会編『鹿児島県の教育行政　平成三年度』一九九一年。

（4）鹿児島県教育広報研究会編『濵里忠宣教育長講話集「教育と人間と」』一九八七年、一一―一二頁。

（5）皆村、前掲書、二七四頁。

（6）阿内春生「教育行政と地方分権改革　分権改革は教育に何をもたらしたか」小松茂久編『教育行政学―教育ガバナンスの未来図―［改訂版］』昭和堂、二〇一六年、二六一―二七頁。

（7）谷口聡「現代における教育と教育行政の変容」井深雄二ほか編『テキスト　教育と教育行政』勁草書房、二〇一五年、一八三―一八四頁。

（8）石井英真『今求められる学力と学びとは―コンピテンシー・ベースのカリキュラムの光と影―』（日本標準ブックレット№一四）、日本標準、二〇一五年、四‐五頁。
（9）鹿児島県教育委員会『平成二七年度　教育行政基礎資料』二〇一六年、二六頁。
（10）鹿児島県教育委員会編『平成一二年度　鹿児島県の教育行政』二〇〇〇年。
（11）皆村、前掲書、四〇五頁。
（12）藤田英典「教育政策の責任と課題―アカウンタビリティとネオリベラリズムの影響を中心に―」小玉重夫編『学校のポリティクス』（岩波講座　教育　変革への展望六）、岩波書店、二〇一六年、一八頁。
（13）鹿児島県教育委員会編『平成二二年度　鹿児島県の教育行政』二〇一〇年。
（14）鹿児島市教育委員会『鹿児島市教育振興基本計画』二〇一六年、六九頁。
（15）菊地栄治『希望をつむぐ高校―生徒の現実と向き合う学校改革』岩波書店、二〇一二年、一五七頁。
（16）安彦忠彦『「コンピテンシー・ベース」を超える授業づくり　人格形成を見すえた能力育成をめざして』（教育の羅針盤四）、図書文化社、二〇一四年。

第三章　校歌考「消える校歌　生まれる校歌」

藤尾清信・遠藤武夫

一　はじめに

二〇一六（平成二八）年三月二四日付けの南日本新聞「記者の目」欄に、「心に残る校歌」のタイトルで次のような記事が掲載された。


　高山高校（肝付町）の卒業式や閉校式を取材した。会場が一体となって、一二〇年間続いた学校での思い出を懐かしみ、校歌を歌っていた。閉校式では、地元の合唱グループ・高山コーラスの女性約三〇人が舞台前に並び、最後の卒業生三一人やOB・OGらと合唱した。

コーラスメンバーのうち二人が一歩前に出て、前身の高山高等女学校の校歌も披露した。女学校を一九四五（昭和二〇）年と四六年にそれぞれ卒業した伊集院ツユさん（八七）と吉田ミチさん（八六）＝いずれも肝付町＝だ。背筋を伸ばし、伸びやかな歌声を聞かせてくれた。

二人とも女学校の校歌を人前で歌うのは久しぶり。それでもメロディーを聞くと、歌詞が自然と口をついて出てきたという。女学校での四年間のほとんどは戦中で、学徒動員などを経験した世代だ。歌いながら当時を思い出したと感慨深げだった。

母校を離れて何十年たっても、校歌は心に残っているものだ。峰龍介さん（一八）は卒業式のあいさつの中で、校歌の「ああ光あり　とこしえに　栄え行くべし　わが母校」という歌詞を引用した。母校はなくなっても、自分たちの心にいつまでも残るという意味も込めたのかもしれない。卒業を見守り、今回校歌をともに歌った多くの先輩たちの存在も忘れず、それぞれの道を歩んでいってほしい。（鹿屋総局・福盛三南美）

鹿児島県では、近年の少子高齢化の進行に伴い児童生徒数が減少し、小規模校の統廃合が進んでいる。平成一九年度と平成二八年度の学校数を比較してみると、十年間で小学校六六校、中学校四二校、高等学校一五校の減少がみられる（鹿児島県教育委員会発行『鹿児島県の教育行政』による）。単純に考えても一二三校の校歌が消えたことになる。一方、統合により新設された学校では、新しい校歌が制作され、これから長く歌い継がれようとしている。

校歌は学校が自校の教育方針、校風、校訓、地域環境などを歌詞に盛り込み、独自に制定して生徒に歌わせる歌であり、一般に、学校への帰属意識や連帯感を持たせる機能と、学校を取り巻く地域の伝統や文化、自然に誇りを持たせ、郷土を愛する態度を育てる機能を有している。

二〇〇六（平成一八）年の教育基本法の改正で「伝統の継承」が前文に明記され、我が国と郷土を愛するとともに他国を尊重し、国際社会の平和と発展に寄与する態度を養うことが目標の一つに掲げられた。そこで、伝統や文化の尊重という視点から校歌の価値を見直してみることとした。伝統や文化の尊重に関する法令を整理した上で、鹿児島市内の小学校・中学校・高校の校歌を対象として、地域の自然、歴史、偉人等がどのように校歌に織り込まれているのか分析し、伝統や文化としての校歌の価値を検証していきたい。また、新しく生まれた大口中央中学校の校歌成立の過程を振り返り、歌詞に込められた作詞者の思いにも迫ってみたい。

二　伝統や文化の尊重と校歌

(一) 伝統や文化の尊重に関する関係法令等

前述のとおり、伝統や文化の尊重については、二〇〇六(平成一八)年一二月に改正された教育基本法に明記されることにより、関連する法令が整備され、教育現場に浸透するに至っている。以下、関連法令等を示す。

ア　教育基本法(平成一八年一二月二二日法律第一二〇号)

前文に、「公共の精神」の尊重、「豊かな人間性と創造性」に加えて、「伝統の継承」を規定している。

> 前文
> 我々日本国民は、たゆまぬ努力によって築いてきた民主的で文化的な国家を更に発展させ

るとともに、世界の平和と人類の福祉の向上に貢献することを願うものである。

我々は、この理想を実現するため、個人の尊厳を重んじ、真理と正義を希求し、公共の精神を尊び、豊かな人間性と創造性を備えた人間の育成を期するとともに、伝統を継承し、新しい文化の創造を目指す教育を推進する。

ここに、我々は、日本国憲法の精神にのっとり、我が国の未来を切り拓く教育の基本を確立し、その振興を図るため、この法律を制定する。


また、第一条の「教育の目的」を実現するため、第二条には、今日重要と考えられる事柄を五つに整理して「教育の目標」として新設し、伝統と文化の尊重については、第五号に以下のように規定している。

五　伝統と文化を尊重し、それらをはぐくんできた我が国と郷土を愛するとともに、他国を尊重し、国際社会の平和と発展に寄与する態度を養うこと。

イ　学校教育法（平成一九年六月二七日法律第九六号）

改正教育基本法の新しい教育理念を踏まえ、新たに義務教育の目標を設定し、伝統と文化については、第二一条の第三号に以下のように規定している。

三　我が国と郷土の現状と歴史について、正しい理解に導き、伝統と文化を尊重し、それらをはぐくんできた我が国と郷土を愛する態度を養うとともに、進んで外国の文化の理解を通じて、他国を尊重し、国際社会の平和と発展に寄与する態度を養うこと。

ウ　**中央教育審議会答申**（平成二〇年一月一七日　答申）

学習指導要領の改訂で充実すべき重要事項の一つとして「七．教育内容に関する主な改善事項」の（三）に「伝統や文化に関する教育の充実」を掲げ、以下のように指摘している。

（三）　伝統や文化に関する教育の充実

○　国際社会で活躍する日本人の育成を図る上で、我が国や郷土の伝統や文化を受け止め、そのよさを継承・発展させるための教育を充実することが必要である。世界に貢献するものとして自らの国や郷土の伝統や文化についての理解を深め、尊重する態度を身に付けてこそ、グローバル化社会の中で、自分とは異なる文化や歴史に敬意を払い、これらに立脚する人々と共存することができる。

また、伝統や文化についての深い理解は、他者や社会との関係だけではなく、自己と対話しながら自分を深めていく上でも極めて重要である。

○　このため、伝統や文化の理解についても、発達の段階を踏まえ、各教科等で積極的に指導がなされるよう充実することが必要である。

まず、国語は、長い歴史の中で形成されてきた我が国の文化の基盤を成すものであり、また、文化そのものである。国語の一つ一つの言葉には、我々の先人の情感や感動が集積されており、伝統的な文化を理解・継承し、新しい文化を創造・発展させるためには、国語は欠くことのできないものである。このような観点から、具体的には八．で示すが、(一)で示したとおり国語科では、小学校の低・中学年から、古典などの暗唱により言葉の美しさやリズムを体感させた上で、我が国において長く親しまれている和歌・物語・俳諧、漢詩・漢文などの古典や物語、詩、伝記、民話などの近代以降の作品に触れ、理解を深めることが重要である。

○我が国の伝統や文化についての理解を深め、尊重する態度は、我が国や郷土の発展に尽くした先人の働きや、伝統的な行事、芸能、文化遺産について調べるなど、社会科、とりわけ歴史に関する学習の中ではぐくまれるものであり、その充実を図ることが望まれる。具体的には、例えば、小学校においては、縄文時代の人々のくらしや、我が国の代表的な文化遺産を取り上げたりすることが考えられる。また、中学校においては、地理的分野、歴史的分野、公民的分野のそれぞれの特質に応じて、様々な伝統や文化に関する学習を重視した改善を図ることが重要である。

○音楽、美術、工芸、書道など、芸術文化に親しみ、自ら表現、創作したり、鑑賞したりすることが、伝統や文化の継承・発展に重要であることは言うまでもない。特に、伝統的な文化にかかわっては、音楽科や図画工作科、美術科では、唱歌や民謡、郷土に伝わる歌、和楽器、我が国の美術文化などについての指導を充実し、これらの継承と創造への関心を高めることが重要である。また、技術・家庭科においては、衣食住にわたって伝統的な生活文化に親しみ、その継承と発展を図る観点から、その学習活動の充実が求められる。さらに、保健体育科では、武道の指導を充実し、我が国固有の伝統や文化に、より一層触れることができるようにすることが重要である。

（二）伝統や文化を学ぶ教材としての校歌

以上の関連法令等を見てくると、伝統や文化を尊重することは、単に我が国や郷土の伝統文化についての理解を深め、尊重する態度を身につけるにとどまらず、グローバル化社会の中で、自分とは異なる文化や歴史に敬意を払い、これらに立脚する人々と共存することのできる「国際社会で活躍する日本人の育成」を目標にしていることが明確になってくる。

二〇〇八（平成二〇）年一月一七日の中央教育審議会答申の、「伝統や文化に関する教育の充実」に示された各教科で扱うべき教育内容の具体は次の六項目にまとめることができる。

① 古典などの暗唱により言葉の美しさやリズムを体感させること（国語科）。

② 我が国において長く親しまれている和歌・物語・俳諧、漢詩・漢文などの古典や物語、詩、伝記、民話などの近代以降の作品に触れ、理解を深めること（国語科）。

③ 我が国や郷土の発展に尽くした先人の働きや、伝統的な行事、芸能、文化遺産について理解を

深めること（社会科）。
④　唱歌や民謡、郷土に伝わる歌、和楽器、我が国の美術文化などについての理解を深めること（音楽科、図画工作科、美術科）。
⑤　衣食住にわたって伝統的な生活文化に親しむこと（家庭科）。
⑥　武道の指導の充実により、我が国固有の伝統や文化に触れること（保健体育科）。
校歌は音楽科の授業のみならず、ホームルームや学校行事等で繰り返し歌われ、その時々の思い出がアルバムのように刷り込まれていくものである。校歌の歌詞には郷土愛をはぐくむために地域の伝統や文化が織り込まれており、校歌を歌うことでとりわけ③の学習の充実が図られることになる。このことから、校歌は伝統や文化に関する教育の充実を図るための教材として教育的な価値を有していると言うことができる。

また、校歌には郷土愛を育む重要な要素として自然（山、川、海等）が多く織り込まれている。郷土愛をはぐくむために織り込まれている伝統・文化・自然は、おおよそ次のように分類できる。

ア　古語調の歌詞	オ　伝統的な行事
イ　遺訓・名言	カ　伝統的な芸能
ウ　偉人	キ　自然（山、川、海、丘、原など）
エ　文化遺産（寺、神社、城など）	ク　地名

三　校歌に織り込まれた伝統・文化・自然（鹿児島地区）

春日三郎氏（当時　姶良町立姶良小学校音楽教諭）が一九九五（平成七）年一一月に発行した鹿児島県校歌集（小学校の部　中学校の部　高等学校の部）を参考にして、鹿児島地区の公立小学校六七校、公立中学校三六校、公立高等学校一四校の校歌に織り込まれた地域の伝統・文化・自然を分析した。詳しくは、校種ごとに見ていきたい。

錦江湾

桜島

（一）小学校

ア　概要

ほとんどの学校の校歌に、地域の自然や地名が織り込まれている。また、鹿児島のシンボルである桜島は七二％の校歌に織り込まれている。校区内の自然や地名等を校歌に織り込んでいない学校は三校であった。

人物としては西郷隆盛、林芙美子、桂庵禅師、税所敦子、島津貴久、島津義久、学僧文之が取り上げられている。西郷隆盛は五校で取り上げられ、最も多い。

ユニークな例として、坂元台小学校校歌には、「催馬楽丘」や「隼人の調」など古代の伝統芸能に関わる内容が織り込まれている。また、広木小学校校歌の歌詞には、「地球は青くまるかった」という一節がある。これは一九六一

表1　鹿児島地区の小学校校歌に織り込まれた地域の伝統・文化・自然

番号	分類	自然	自然	自然	自然	自然	自然	偉人	自然	自然	自然	自然	遺訓	遺訓	偉人	偉人	偉人	偉人	偉人	偉人	地名	遺産	遺産	遺産	芸能	芸能	左記以外に織り込まれている伝統・文化・自然
	歌詞	桜島	錦江湾	永田川	甲突川	黒潮	城山	西郷隆盛	立神山	武の丘	高牧山	三重嶽	敬天愛人	奮励努力	林芙美子	桂庵禅師	税所敦子	代々の偉人	大中龍伯	学僧文之	三方限	比志島	清水城	清泉寺	催馬楽丘	隼人の調	
	計	48	19	7	6	5	5	5	4	3	2	2	1	1	1	1	1	1	1	1	1	1	1	1	1	1	
1	川上	○																									
2	吉野	○						○																			寺山
3	吉野東	○	○					○																			
4	大明丘	○	○																								
5	坂元	○	○																								矢上の城
6	坂元台	○						○																	○	○	
7	清水																	○					○				稲荷川
8	大龍							○					○	○					○	○							多賀山、磯崎、常安
9	名山		○																								
10	山下	○			○		○																				
11	松原	○	○																								
12	城南	○	○																								
13	草牟田		○		○																						
14	原良	○			○		○																				
15	明和	○	○																								
16	武岡	○																									水上坂
17	武岡台	○																									
18	西田				○			○		○							○										
19	武	○																									
20	田上	○																									田上川
21	西陵	○	○																								
22	広木																										地球は青くまるかった
23	中洲	○				○				○																	
24	荒田	○					○			○											○						
25	八幡	○	○																								
26	中郡	○																									紫原
27	紫原	○																									
28	西紫原																										
29	鴨池	○	○																								
30	南	○																									新川
31	宇宿	○	○																								脇田のおか
32	向陽	○																									脇田川
33	伊敷	○			○											○											
34	花野	○																									花野川、岡之原
35	西伊敷	○																									鷹野原
36	伊敷台	○																									
37	玉江	○																									
38	小山田	○			○																						
39	犬迫																										
40	皆与志											○										○					
41	東桜島	○					○																				開聞岳
42	改新	○													○												
43	黒神	○				○																					
44	谷山	○		○																							
45	西谷山	○		○																							
46	錦江台	○				○																					
47	東谷山	○	○			○																					
48	清和	○		○																							
49	和田																										高千穂
50	福平	○																						○			七ツ島
51	平川	○	○																								烏帽子岳
52	錫山								○																		美濃岳
53	中山			○																							皇徳寺
54	桜丘西	○	○																								大隅薩摩
55	桜丘東	○	○																								上の原
56	星峯西	○		○					○																		五ヶ別府
57	星峯東			○					○																		
58	宮川			○																							
59	皇徳寺								○																		くらら台
60	鹿大附属	○	○			○	○																				
61	桜峰	○																									
62	桜洲	○	○																								島芙蓉
63	吉田										○																
64	本名											○															八幡山
65	宮																										牟礼が岡、あべき川、宮之浦
66	本城										○																思い川、本城
67	牟礼岡	○	○																								

（昭和三六）年、世界初の有人宇宙飛行士としてボストーク一号に単身搭乗したガガーリンが、帰還後に語ったとされる「地球は青かった」を参考にしたものと推察される。グローバルな視点から作られた校歌である。

次に、大龍小学校の校歌について述べてみたい。

イ　鹿児島市立大龍小学校　一九三四（昭和九）年制定

作詞　樋渡　清廉　　作曲　田中　義人

一　大中龍伯　名において
学僧文之の　あとしたし
晴るる磯崎　島ふよう
匂う朝日の　かげとうと
正しき心　あふるる力
みがき鍛えて　学べよ業を

二　仰ぐ偉人の　墓近く
春常安の　岡ゆかし
多賀山松の　深みどり
吹きくる風も　かしこしや
敬愛のおしえ　努力のさとし
つとめまもりて　尽くせよ国に

西郷隆盛の墓（南洲墓地）

校訓の石碑

東郷平八郎像（多賀山公園）

儒僧文之和尚開山大龍寺之遺址

大龍小学校は、一八八四（明治一七）年に創立され、校歌は創立五〇周年を迎えた一九三四（昭和九）年に制定された。

学校の敷地は、一六世紀末薩摩・大隅・日向を統一した島津氏一五代貴久、一六代義久、一八代家久の内城があった島津氏ゆかりの地にある。一六〇二年、島津家の本城が鹿児島城に移った際、内城跡には大龍寺が建てられ、二五〇年続いたが、明治の廃仏毀釈で廃寺になり、その跡地に大龍の名をいただいてできたのが大龍小学校である。

一番の歌詞にある「大中龍泊」とは、貴久の号の「大中」と義久の号「龍伯」を表し、大龍寺の名前は、それぞれの号から一文字ずつをとって名づけられた。「学僧文之」は「大龍寺」の開山住職で、朱子学に秀で、桂庵玄樹が基をつくった薩南学派を継ぎ、玄樹が「四書集註」に施した訓点を改訂するなど。大きな足跡を残した人物である。

二番は「仰ぐ偉人の墓近く」で始まる。墓とは学校の裏手にある南洲墓地を指し、仰ぐ偉人とは西郷隆盛のことであると思われる。二番の後半の「敬愛のおしえ」は西郷隆盛が好んだ「敬天愛人」に、「努力のさとし」は、東郷平八郎（一八四八～一九三四）がバルチック艦隊との交戦にあたり、旗艦・三笠から各艦に打電した有名な電文「皇国の興廃此の一戦に在り、各員いっそう奮励努力せよ」に由来する。

ちなみに、昭和九年の校歌制定以前の旧校歌の歌詞は次のとおりである。現校歌と歌詞内容を比較してみたい。

一　大中龍伯　兩公の
君にちなめる　我校は
堅きいしずゑ　ゆるぎなく
かざる歴史も　いと古し

二　南洲神社に　英雄の
みかげを仰ぎ　慕ひつゝ
學僧文之の　いしずみに
みがく智徳ぞ　新なる

三　波靜かなる　錦江に
浮ぶ島根の　うるはしく
松かげ清き　常安に
かすめる花も　美しや

四　文武にしるき　この庭に
みことかしこみ　いそしみて
強き力を　きたひなば
よき國民と　なりぬべし

五　空にかけらん　蛟龍の
その旗風に　勇みつゝ
興る御國の　國民の
おゝしき意氣を　いざ歌へ

歌詞に織り込まれた地域の伝統・文化・自然に関わる内容を表2にまとめてみた。「大中」「龍伯」「學僧文之」「常安」はそのまま、現校歌に活かされている。「南洲神社」は、表現は異なるが「偉人の墓」という形で残されている。「錦江」の地名はなくなり、新たに「磯崎」「多賀山」が加わっている。注目すべきは二点ある。一点目は旧校歌に盛り込まれた重要

表2　旧校歌と現校歌の比較

旧校歌	現校歌	
大中	大中	敬愛のおしえ
龍伯	龍伯	努力のさとし
南洲神社	偉人の墓	多賀山
學僧文之	学僧文之	島ふよう
錦江	磯崎	
常安	常安	

な内容がすべて現校歌に活かされていること、二点目は西郷隆盛と東郷平八郎の偉業と精神が「敬愛のおしえ」と「努力のさとし」という形で盛り込まれたことである。地域の伝統や文化に誇りをもち継承していきたいという卒業生、地域住民の強い思いを感じることができる。

(二) 中学校

ア 概要

すべての校歌に校区内にある自然や地名が

表3 鹿児島地区の中学校校歌に織り込まれた地域の伝統・文化・自然

番号	分類	自然	自然	自然	自然	自然	遺訓	偉人	地名	遺産	自然	自然	自然	自然	自然	自然	自然	自然	自然	自然	自然	自然	自然	自然	自然	自然	自然	自然	自然	自然	自然	自然	自然
	歌詞	桜島	錦江湾	甲突川	城山	永田川	敬天愛人	西郷隆盛	三方限	矢上城	霧島	開聞	黒潮	稲荷川	寺山	多賀	常安峠	野元が原	田上川	鶴が崎	薩摩潟	常盤	小野	玉里	魚見台	久津輪ヶ崎	立神山	美濃岳	山田ヶ丘	吉田の里	女山川	高牧山	松尾の山
	合計	27	14	5	4	3	2	2	1	1	1	1	1	1	1	1	1	1	1	1	1	1	1	1	1	1	1	1	1	1	1	1	1
1	緑丘	○																															
2	吉野	○									○	○																					
3	吉野東	○	○																														
4	坂元	○								○																							
5	清水	○												○		○	○																
6	長田	○	○				○																										
7	甲東	○			○																												
8	城西	○		○	○																												
9	明和	○	○																														
10	武岡																	○															
11	武		○																														
12	西陵	○																	○														
13	甲南	○		○				○	○																								
14	天保山	○	○																														
15	鴨池	○	○																	○													
16	南	○	○																														
17	紫原	○																			○												
18	西紫原	○	○																														
19	伊敷	○		○	○																	○	○	○									
20	伊敷台	○		○																													
21	河頭			○																													
22	東桜島	○	○																														
23	黒神	○																															
24	谷山		○		○	○							○																				
25	東谷山	○	○																						○								
26	和田	○	○																							○							
27	福平		○																														
28	錫山																										○	○					
29	谷山北					○																							○				
30	皇徳寺	○				○																											
31	星峯																																
32	桜丘	○	○																														
33	鹿大附属	○																															
34	桜島	○																															
35	吉田北																													○	○	○	○
36	吉田南	○					○	○							○																		

織り込まれている。鹿児島のシンボルである桜島は、七二％の校歌に織り込まれている。

人物としては、西郷隆盛が二校の校歌に織り込まれている。どちらも歌詞に「西郷隆盛」という名前は出てこないが、歌詞の内容から「西郷隆盛」を指していることが容易に推察できる。

次に、甲南中学校の校歌について述べてみたい。

イ　鹿児島市立甲南中学校　制定年不明

作詞　蓑手　重則　作曲　有馬　大吾郎

二　英俊雲と　生まれつぎて
維新の業を　なしとげし
三方限の　名も永遠に
共同自治の　風かおる
中学甲南　若人われら

三方限出身名士顕彰碑

西郷南洲翁宅地跡

甲南中学校は一九四七（昭和二二）年に創立された。校区は幕末の頃までは島津藩の下級武士が住む城下町の一隅を占めており、「荒田ん田んぼ」と呼ばれた水田地帯に接していた。

明治維新の立役者である西郷隆盛は、加治屋町からこの地に移り住み、中央で活躍するまでの長い間上之園で生活しているほか、大久保利通もこの地で誕生した。また、カリフォルニアのブドウ王長澤鼎、後に県令になった大山綱良等々、近代日本の建国に寄与した数多くの人々を輩出している。学校の正門左には、これらの人々の偉業を讃える「三方限出身名士顕彰碑」が建てられている。
徳富蘇峰はその碑文に、「鹿児島高麗、上之園、上荒田三方限（方限：現在の町内会にあたる）ハ、維新以来、人材ノ淵業ニシテ、西郷南洲、大久保甲東両先生ヲ始メトシ、文武名臣ノ菖蹟ハ、後進ヲ誘クニ歴史的ノ教訓ヲ以テシ、吾人ニ示スニ国家報効ノ鍼路ヲ以テス。・・・略」と記している。地域では、これら先人達の遺徳を偲んで毎年顕彰祭を行い、この地域の歴史と伝統を大切にしている。

このような地域住民の先人を偲ぶ思いが、二番の歌詞には歌い込まれている。なお、校区内にある荒田小学校の校歌にも「維新の業」「三方限」という歌詞が登場する。

(三) 高等学校

ア 概要

すべての学校に学校周辺にある自然や地名が織り込まれている。鹿児島のシンボルである桜島は、七二%

表４　鹿児島地区の高等学校校歌に織り込まれた地域の伝統・文化・自然

番号	分類	自然	自然	自然	自然	遺訓	偉人	遺産	遺産	自然	自然	自然	自然	自然	自然	自然
	歌詞	桜島	甲突川	錦江湾	黒潮	敬天愛人	島津斉彬	大煙突	集成館	城山	珊瑚	蘇鉄	八重山	薩摩潟	玉里	大明が原
	合計	11	4	3	2	1	1		1	1	1	1	1	1	1	1
1	鶴丸	○	○			○										
2	甲南	○														
3	鹿児島中央	○			○						○					
4	錦江湾	○		○								○		○		
5	甲陵	○	○										○			
6	武岡台	○	○	○												
7	松陽			○												
8	鹿児島東	○														○
9	鹿児島工業	○					○	○	○							
10	鹿児島南															
11	鹿児島西	○	○							○						
12	鹿児島玉龍	○			○											
13	鹿児島商業	○														
14	鹿児島女子														○	

の校歌に織り込まれている。
次に、鹿児島工業高校の校歌について述べてみたい。

イ　鹿児島県立鹿児島工業高等学校　制定年不明

作詞　片山　松次郎　　作曲　前田　久八

二　伊敷の原に　聳え立つ
　大煙突の　いただきよ
　空をおほうて　立つ煙
　工場におこる　朝夕の
　天地どよもす　響きこそ
　我が鹿工の　行進歌

三　名君島津　斉彬公
　新工業を　開かれし
　集成館も　程近し
　自然に歴史に　恵まれし
　幸を思うて　いざ進め
　鹿児島工業　学生われら

尚古集成館

大煙突

鹿児島工業高校は、一九〇八（明治四一）年に開校した県下の工業高校では最も古い歴史と伝統を誇る高校である。

二番の歌詞には、「大煙突」が登場する。これは、当時最新の技術を学ばせるために導入された蒸気原動機の排煙装置として一九二〇（大正九）年に設置されたものである。蒸気を動力源として実習を行うことは当時としては画期的なことであった。学校のシンボルであり、誇りでもあり、校歌に織り込まれるに至ったものと考えられる。昭和に入り第一線を退いた後は、危険建造物として撤去される話もあったが、同窓会の熱い思いが実を結び、一九八八（昭和六三）年に、創立八〇周年の記念事業として耐震補強のための構築が行われた。二〇〇四（平成一六）年には文化庁の「登録有形文化財」に登録され現在に至っている。校歌に歌われ、卒業生の心のよりどころなっていたことが、大煙突を学校のシンボルとして保存していこうとする大きな原動力になったものと考えられる。

三番の歌詞の中では、反射炉や機械制工業を他藩にさきがけて経営し、それらを一括して集成館を設立した島津斉彬公の偉業を称え、日本初の西洋式工場群「集成館」が設置された鹿児島で工業を学ぶ自負心を鼓舞する内容となっている。二〇一五（平成二七）年に集成館は世界遺産に登録された。このことにより、卒業生や在校生にとって、校歌の歌詞のもつ重みがさらに増したものと思われる。

四　大口中央中学校校歌「十五の旅路」誕生物語

鹿児島県伊佐市立大口中央中学校は、旧大口市内の三中学校（大口中学校・大口南中学校・山野中学校）が統合されて二〇一五（平成二七）年四月に旧大口中学校の校地に開校した新設の中学校である。開校を前に新しい校歌を作成することとなり、二〇一三（平成二五）年八月、隈元新伊佐市長から直接、濵里忠宣氏に作詞の依頼があった。濵里忠宣氏は、鹿児島県立鶴丸高等学校長・鹿児島県教育長・鹿児島純心女子短期大学副学長等を歴任された方で、当時は鹿児島純心女子短期大学名誉教授であった。氏はこれまでに、鹿児島高等看護学校、垂水市立垂水中央中学校、喜界町立喜界中学校、長島町立獅子島小学校等の校歌を作詞されていた。また現職時代に伊佐教育事務所長を務められたことがあり、伊佐市とは深い縁をもっておられた。そのようなことから、大口中央中学校の新しい校歌の作詞を依頼されたものと考えられる。本稿の筆者の藤尾（この項は以後「私」と表記する）は、これまでに先にあげた四校の校歌の作曲に関わっていた。

二〇一三（平成二五）年八月二一日（水）、濵里忠宣氏から私に電話があった。「この度、伊佐市に開校する大口中央中学校の校歌の作詞を依頼された。ついては、これまでのように作曲をあなたに依頼したい」というものであった。私は大変光栄である旨をお伝えし、作曲を引き受けることにした。すると、三〇分後には初稿がＦＡＸで送られてきた。次のような詩であった。

大口中央中学校校歌「新しき風」

一　山脈はるか　北の大地に
桜匂う　北の大地に
ぼくらは生きてる　志秘め
風が吹く　ぼくらの風が
歴史のまちの風が吹く
ああ新しき　中央中学
ああ青春の　中央中学

二　緑も深き　わがふるさとに
白雲たなびく　わがふるさとに
わたしは秘める　生きる力を
風が吹く　わたしの風が
日本の友に　風が吹く
ああ新しき　中央中学
ああわが母校　中央中学

三　秋の風立つ　伊佐の大地に
紅葉の熱き　伊佐の大地に
ともによろこび　ともに悲しむ
風が吹く　ぼくらの風が
世界の友に　風が吹く
ああ新しき　中央中学
ああ永久の　中央中学

その後、二三日、二四日と二日続けて一部変更された原稿が送られてきた。更に二五日には電話があり、タイトルや歌詞の一部を変更したいということであった。その後も毎日のように連絡があり、最終的な歌詞は下記のようになった。

伊佐市は周囲を山に囲まれた盆地である。特に、北側には熊本県との県境となる険しい山脈が続いている。今でも人吉市へ通じる久七峠は交通の難所である。鹿児島の北海道の異名のとおり、冬場は氷点下になる日が多く寒さが厳しい土地柄である。一方で美味しい伊佐米の産地として知られており、幻の焼酎発祥の地でもある。また、春には約二キロメートルも続く忠元公園の桜、秋には曽木の滝公園の紅葉が美しく、多くの観光客が訪れている観光地である。更に、かつて星空日本一に選ばれたほど素晴らしい星空を見ることができ、「スターダスト·in大口」という催しが開催された時期もある。濵里氏は著書や講演のなかで、よく「星群れ」という語を使っておられた。また、「風の会」という読書会も主宰しておられ、「風」という語も好んで使われた。

生徒たちへの眼差しも暖かい。「僕らの明日へ」「日本の友へ」「世界の友へ」という広がりも素晴らしい。

大口中央中学校校歌

十五の旅路

山脈はるか　北の大地に
桜吹雪の　北の大地に
ぼくらの熱き　志あり
風が吹く　ぼくらの風が
ぼくらの明日へ　風が吹く
ああ新しき　十五の旅路
ああ青春の　ぼくらの母校

緑も深き　伊佐の大地に
星群れ流る　伊佐の大地に
わたしの青き　夢の空あり
風が吹く　わたしの風が
日本の友へ　風が吹く
ああ新しき　十五の旅路
ああ青春の　わたしの母校

秋の風立つ　伊佐の大地に
紅葉の熱き　伊佐の大地に
ともに喜び　ともに悲しむ
風が吹く　われらの風が
世界の友へ　風が吹く
ああ新しき　われらの旅路
ああ永久の　われらの母校

実は、最初に電話があった数日後に、濵里氏は入院されていた。病院から連絡をいただいていたことになる。私は何度も詩を読み返して、浮かんだメロディーを付け、録音して八月二八日に氏の病室へお届けした。(楽譜一参照)氏はじっと聴いておられたが、納得されない様子で、次のように言われた。「これもいいんですけどね、私は中学時代特有の青春の光と影のようなものを表現したかったのです。垂水中央中学校の校歌のような感じにはできませんかね」(垂水中央中学校ができた当時、アンジェラ・アキの「手紙~拝啓　十五の君へ~」が全国学校音楽コンクールの課題曲として用いられており、氏から「手紙」のような感じにして欲しいという要望があった。)

私は大いに悩み、ようやく新しい曲を付けて九月七日に再び病院を訪れた。氏はメロディーは気に入られたが、「もっとテンポをゆっくりして欲しい」と言われた。更に、当時の朝ドラ「あまちゃん」で使われていた宮沢賢治の「星めぐりの歌」をどこかに入れられないかとも言われた。そこで、二番と三番の間に間奏として「星めぐりの歌」のメロディーを挿入し、録音して届けたところ「やはり不自然ですね」ということになり、楽譜二のとおりの大口中央中学校の校歌ができた。

一〇月一一日(濵里氏は別の病院へ転院しておられた)、病院の一室をお借りして関係者(伊佐市長・伊佐市教育委員会教育長・伊佐市教育委員会総務課長・「颪の会」事務局長・濵里夫人)が集まり、新しい校歌を披露することになった。濵里氏は車椅子に乗られていたが、紬の和服に着替えられ、凛とした姿で参加された。私はキーボードを持ち込み、自分で弾き歌いをして「十五の旅路」を紹介した。皆さんが深く感動された様子で、しばらく誰も声を発しなかった。濵里氏が「いかがでしょう」とおっしゃると、隈元伊佐市長は「感動しました。紅葉が熱いとは、何とも素晴らしい表現ですね」と言って喜んでいただいた。

一一月三日、鹿児島県立松陽高校の音楽部の生徒さんたちに演奏をお願いし、CDにして氏の病室に届けたのは一一月四日の午後であった。氏はすぐにも聴きたいと言われたが、あいにくCDプレイヤーがなく、お聞かせすることができなかったことは今になると返す返すも残念である。

一一月一三日の朝九時前であっただろうか、濵里氏の突然の訃報が届いた。まさに驚天動地、全く信じられない思いであった。鹿児島県の教育界にとって濵里忠宜という巨星を失った瞬間であった。何というめぐり合わせであろうか、氏の遺作が大口中央中学校校歌「十五の旅路に」になってしまったのである。氏の葬儀の日、在りし日のお姿がスライドショーで紹介される間、バックで小さく流れていたのは「十五の旅路」であった。開校の一年以上前に新しい校歌ができていたということになる。あれだけ急がれたのは自分の死期を予感されていたのだろうか。いずれにしても、このような機会を与えていただいたことにただただ感謝するのみである。

二〇一五（平成二七）年三月六日、新生大口中央中学校の開校を前に、新入生に対する入学説明会が旧大口中学校で開催された。私は新しい校歌の指導を依頼され、入学予定の小学校六年生に濵里氏の校歌に対する思いを伝えた。これからも生徒たちが氏の熱い思いを理解し、末永く愛唱してくれることを期待したい。

五　おわりに

　このように見てくると、校歌には地域が育んできた伝統や文化を誇りに思い、成長の糧としてほしい、そして後生にも伝え発展させてほしいという学校設置者や地域住民の強い思いが込められている。児童・生徒が入学後、初めて触れる地域の伝統や文化は校歌である。そして校歌は、在学中はもちろん卒業後も人の心に残り、その生き方に影響を与え続けるものである。鹿児島工業高校の大煙突の修復に、卒業生が熱意をもって取り組んだことは、その良い例ではないだろうか。そんな校歌の力を教育に携わる者は再認識し、伝統や文化など大切なものを伝えるための教材として扱っていくことが求められる。

　消える校歌があれば、生まれる校歌もある。伝統や文化はえてして現代的な感覚に合わないとして、新しく作られる校歌の中には、盛り込まれない傾向があるように感じている。そのような中で大口中央中学校校歌は、地域で受け継ぐべき伝統や文化がきちんと取材され、さらに、現代の若者が未来を志向して生きていく道しるべとなる内容に仕上がっている。

　校歌が消えるということはそれまで継承してきた伝統や文化が失われることであり校歌が生まれるということは新しい伝統や文化が生まれることである。大龍小学校の校歌改定は、このことが十分に踏まえられたものであると考える。校歌の制定にかかわる者は、校歌には地域の伝統や文化を継承する大きな役割があることを認識しておかなければならない。

大口中央中学校校歌

新しき風

濵里　忠宜　作詞
藤尾　清信　作曲

大口中央中学校校歌

十五の旅路

濵里 忠宜 作詞
藤尾 清信 作曲

〔参考文献〕

春田三郎『鹿児島県校歌集・小学校の部一』春日三郎、一九九五年
春田三郎『鹿児島県校歌集・中学校の部』春日三郎、一九九五年
春田三郎『鹿児島県校歌集・高等学校の部・障害児学校の部・私立学校の部』春日三郎、一九九五年
野村直邦『東郷平八郎』日本海防協会東郷元帥顕彰図書刊行会、一九六七年
荒田小学校三方限研究会『三方限』荒田小学校三方限研究会、一九八五年
古田庄平「わが国における音楽科教育の歴史的変遷（続）」『長崎大学教育学部人文科学　研究報告』第二五号、一九七六年
池波正太郎『西郷隆盛』角川文庫、一九七九年
山田済斎編『西郷南洲翁遺訓』岩波文庫、一九三九年
鹿児島県教育委員会『鹿児島県の教育行政』二〇一三年、二〇一六年

〔取材協力〕

鹿児島市立大龍小学校

〔写真撮影〕

遠藤武夫

第四章　鹿児島県の郷土教育のあり方

小島摩文

一　はじめに

(一) 郷土教育とは何か

本論では、まず、「郷土教育」とは何かを、理念的に整理した上で、鹿児島県における郷土教育がどのような性格を持っているのかを明らかにしていきたい。本論集では、鹿児島県における郷土教育の具体的なあり方は、萩原和孝が詳細な資料を用いて、生き生きと現場の郷土教育実践を描いている。

ここでは、実態の郷土教育からは離れるが、郷土教育の理念的な姿を見ておきたい。「郷土教育とは何か」という問いには、「郷土を教材化した教育」としておきたい。これは、後で見るように郷土教育にもさまざまなアプローチがあるが、どのアプローチからも肯ける定義である。

（二）「郷土」とは何処か

「郷土教育」の定義の次には「郷土」とはなにかという問題が出てくる。人文地理学が専門の島津俊之は、この「郷土」という言葉が、どのように日本の教育界に登場して来たかを粘り強く丹念に探求した。二〇〇五年の「明治前期の郷土概念と郷土地理教育」にはじまり、二〇〇九年「郷土概念と地理教育の偶有的接合」の学会発表を経て、二〇一〇年に「郷土概念と初等地理教育の偶有的接合」としてまとめている。島津によれば、「郷土」という言葉は一八八六年に「小学校令」の付帯法令として出された「小学校ノ学科及其程度」の中で「地理」の教授内容として「学校近傍ノ地形其郷土郡区府県本邦地理地球ノ形状昼夜四季ノ原由大洋大洲ノ名目等及外国地理ノ概略」と規定される中にでてきたのが日本の教育法令に登場した最初であるという。それ以前にも「郷土」という言葉自体は『列子』や『晋書』にもみえており、明治初期のベストセラー『西国立志編』（一八七一年刊行）にも訳語として「郷土」が使われている用例はあるが、一般的によく使われる言葉ではなかったという。なぜ「郷土」という言葉だったのかは、島津の論文に詳しいので、ここでは論じない。とりあえず、ここで重要なのは「郷土」という言葉は、まず、地理教育の中で用いられたということである。[1]

郷土教育研究の基本文献としてよく取り上げられる、海後宗臣らの『我国に於ける郷土教育と其の施設』（一九三二）には、全国の学校を対象に郷土教育の実態についての調査があり、「郷土の範囲」についてもアンケートをおこなっている。[2]結果は次のようになっている。

（1）郷土を市町村に限定している学校一七校（三〇％）

(2)郷土を市町村を中心とした一地方と考えている学校一四校(二四・五%)
(3)郷土を国家とみている学校一校(二%)
(4)郷土を動的に学年の進むにつれ、市町村―地方―国家と考えている学校一一校(一九%)
(5)郷土を主観的に生活領域と考えている学校一四校(二四・五%)

こうしてみると、同時期の小学校、それも現在よりも自由度が低かったと考えられる時期に、これだけのばらつきがあることにおどろく。これだけみても、「郷土」という言葉が一元的には扱えない言葉だということが見えてくる。この後、郷土教育の分類を見ていくが、そのそれぞれの理念・目的によって、郷土の範囲も変わらざるをえない。とくに、先のアンケートの(4)のように学年(発達段階)に応じて、郷土の範囲が変わることを想定しているということは、「郷土」が地理的に固定的なものではないことを表している。

二　郷土教育の分類

(一) 郷土教育の種類

百科事典の項目ではあるが、よくまとまっているので、池野範男の「郷土教育」に関する説明をみてみよう。

日本では郷土教育は明治初期にペスタロッチの直観教授や実物教授の影響を受け、方法としての郷土教育が、地理教育や理科教育の初歩教育として始まった。明治二〇年代には、歴史教育にも通史学習の導入として郷土史を位置づけ、方法としての郷土教育が取り入れられた。大正期に入ると、児童中心主義の影響を受け、学習者の生活経験の発展が思考や認識をつくりだすという考えから、経験を生み出す場である郷土生活そのものを学習する目的としての郷土教育が展開された。この郷土教育は昭和期に入ると、恐慌で貧窮した郷土を現実的に直視し、その生活を打開する主体的な人間育成を目ざし、その方法において生活綴方《つづりかた》と結び付ける郷土教育に発展したが、農村の自力更生運動という政府の政策と結び付き、国家に奉仕するために郷土を学習する国家主義的教育に包摂された。

第二次世界大戦後、新教科社会科で「地域社会」の名のもとで郷土はふたたび脚光を浴びたが、郷土を目的としてとらえるか、方法としてとらえるかの対立はいまなお続いている。教育が知識だけでなく、態度育成をも課題にし、全人格を志向するならば、子供たちが日常かかわっている郷土や地域に教育力を求める郷土教育（地域に根ざす教育）は、今後とも展開される必要があろう(3)。

今日では、「郷土」とはべつに「地域」という言葉が教育現場ではよく用いられている。学習指導要領上では小学校は昭和四三年版から、中学校では昭和四四年版から「郷土」が使われなくなり、小学校では「地域」、中学校では「身近な地域」が用いられるようになった。

百科事典の項目なので、池野は「郷土や地域に教育力を求める郷土教育（地域に根ざす教育）」とさらっと書いているが、ここで暗示されているのは「郷土教育」はやがて「地域に根ざす教育」にとって代わられるかもしれないということである。

この中で池野は「郷土を目的としてとらえるか、方法としてとらえるかの対立はいまなお続いている」としているが、これが、郷土教育における二大潮流ともいうべきものだ。

おなじ、項目の冒頭で池野は郷土教育を次のように説明している。

人々がそこに居住し社会生活を営む自然的・社会的環境である郷土と個々人とには、特殊な関係があるという考えから、郷土に教育的意義がみいだされ、郷土教育が提唱される。

その教育的意義は大別して二つある。

（1）方法としての郷土教育　どの教科も学習者に身近な郷土の自然や文化から内容・教材が取り出され、当該教科の入門的役割を果たすべきであると考える。ここでは、学習者が教材を直接手に取り、見たりできる実物性や直観性、また日々その教材に興味・関心をもっていることに教育的意義があると考える。

（2）目的としての郷土教育　ここでも教科の内容や教材が郷土から取り出されるが、学習者が郷土に居住・生活していることで、学習者が郷土と心情的関係を自然にもつと考え、その心情を郷土の学習によって郷土愛や愛国心に育成しようとする。[4]

池野はここで、郷土教育を二つに分けている。

（1）方法としての郷土教育

（2）目的としての郷土教育

（1）は、何かを学習するために郷土を教材として活用する、ということをさし、（二）は、郷土学習によって郷土愛や愛国心を育成しようとする教育である。

先にも引用した海後宗臣らの『我国に於ける郷土教育と其の施設』（一九三二）では、伏見猛弥が、「現在に於ける郷土教育論」（ここでの「現在」は昭和六年当時）を三つに分け

①客観的主知的郷土教育論
②客観的主情的郷土教育論
③主観的郷土教育論

と、している[5]（一一六ページで見るように伏見は郷土教育を歴史的には四つに分類している）。

それぞれ、①は、児童の認識の対象としての郷土、②は、児童の情操の対象としての郷土、③は、児童が認識したものが郷土、という考え方である。池野の分類と照らし合わせると、①が方法としての郷土教育、②と③が目的としての郷土研究といえるかもしれない。

ここで重要なことは、単に郷土教育といっても、少なくとも大きく二つの流れがあるということだ。もちろんこの二つを決然とわけることができるわけではない。方法としての郷土教育の結果、

郷土愛や愛国心がはぐくまれることもあるだろう。もっぱら愛国心を育てようとして、学問に目覚めることもあるかもしれない。しかし、そもそもなぜ郷土教育をするのか、なぜ郷土教育をする必要があるのかという原点において、方法としての郷土教育と目的としての郷土教育では大きな違いがある。この出発点は、たとえ、結果がどこに着地しようとも、教育する側にとっても、教育を受ける側にとっても重要な違いになる。

ただ、このように二つに郷土教育を分けることには、批判もある。

例えば、伊藤純郎は、郷土教育運動史を研究する態度について「教育現場における運動の実態を詳細に解明する作業を欠落させたまま、主観的心情的、客観的科学的というような郷土教育の理念型をあらかじめ措定し、そこに教育制度・教育法令および教科書・郷土読本などの内容を当てはめるなかで、愛郷心愛国心の涵養を目的とするがゆえに否定し、あるいは郷土を科学的に認識するがゆえに評価するといったような、運動としての反動性、健康性を指摘するという思考把握の方法に陥っている」と批判している[6]。

(二) 郷土教育の分類の重層性

本論では、先に見た池野範男の郷土教育を大きく二つに分ける考え方をまず出発点にしたい。すなわち、(1)「方法としての郷土教育」と(2)「目的としての郷土教育」である。ただし、これは、理念的かつ作業仮説的に二つに分けるもので、すべての郷土教育がそのいずれかに分類できるわけではない。

そのうえで、先に紹介した伏見猛弥の三分類である①「客観的主知的郷土教育論」、②「客観的主情的郷土教育論」、③「主観的郷土教育論」も、加味して、郷土教育を概観してみたい。

ここで伏見猛弥の「三分類」について、改めて整理しておきたい。伏見は、「郷土教育の理論」の「緒言」で、郷土教育論について「その歴史的背景に基いて大体三種類に分け」られるとしたうえで、「第一章　現代に於ける郷土教育論」の最後に「大体以上の三つの系列に従って現在に於ける郷土教育論を紹介」するとして「第二章　客観的主知的郷土教育論」、「第三章　客観的主情的郷土教育論」、「第四章　主観的郷土教育論」と論を展開している。このことから伏見が日本における郷土教育を三つに分類していると紹介する文献が散見されるが、実は、そうではない。

伏見が「緒言」でいう「三分類」は、①「郷土的事物を教材として地理、理科、歴史の初歩教授を行わんとする意味の郷土教育論」、②「客観的な郷土を教育の目標としてそれに関する知識を与えるか乃至はそれに対する愛を覚醒せんとする郷土教育論」、③「児童の生活体験を郷土としてそれを発展拡充せんとする意味の郷土教育論」である。

それに対して第一章では、上記の②と③が「現今に於ける郷土教育論」であるとして、②を「客観的な郷土教育論」、③を「主観的な郷土教育論」と位置づけ、さらに「客観的な郷土教育論」の中に「郷土を児童の認識の対象とする主知主義的郷土教育論」と「郷土を児童の情操の対象たらしめんとする反主知主義的郷土教育論」とを見いだすことができると述べている。

すなわち、伏見は郷土教育論をまず三つに分類し、そのうちの一つをさらに二つに分類しているので、全体として四つに分類していることになる。

①「郷土的事物を教材として地理、理科、歴史の初歩教授を行わんとする意味の郷土教育論」
②「客観的な郷土を教育の目標としてそれに関する知識を与えるか乃至はそれに対する愛を覚醒せんとする郷土教育論」
②—一　「主知主義的郷土教育論」
②—二　「反主知主義的郷土教育論」
③「児童の生活体験を郷土としてそれを発展拡充せんとする意味の郷土教育論」

「緒言」での分類である「客観的な郷土を教育の目標としてそれに関する知識を与えるか乃至はそれに対する愛を覚醒せんとする郷土教育論」という文言を活かせば、
②—一　「主知主義的郷土教育論」は「客観的な郷土を教育の目標としてそれに関する知識を与える郷土教育論」
②—二　「反主知主義的郷土教育論」は「郷土に対する愛を覚醒せんとする郷土教育論」

といえるだろう。

(三) 郷土教育の多様性

先にも引用した『我国に於ける郷土教育と其の施設』(一九三二)の第一編「郷土教育の発達」の中で、海後宗臣は、概ね次のように日本の郷土教育の成り立ちをまとめている[7]。

まず、郷土教育の考え方自体は小学校地理教育の中から起こったとして、その端緒を明治一四年五月四日附の「小学校教則綱領」の第一四条にある「学校近傍の地形」から始めて、少しずつ広げて日本、世界、地球へと進んでいくように「養成」することとしている。

その後、明治一三、四年ごろから次第にあらわれた新運動がペスタロッチ主義教授法で、これによって直観教授法による地理教育が確立していく。さらに明治一〇年代後半から明治二〇年代の初めにかけて直観主義の教育方法が一般に知られるようになると地理だけでなく、理科や歴史などの分野にも郷土教育が広がったとする。さらに明治二〇年代中頃から日本の教育界を風靡したヘルバルト派の教育思潮の影響で総合教科として「郷土科」を独立させる考えが起きてきたとしている。

海後によれば、実際に「郷土科」という教科名が登場するのは明治三五年頃、そして、第二次ブーム的に明治の末から大正初年にかけて各地の小学校に「郷土科」が設置されたが、これらは「明治三五年頃の郷土科とは別に」特設されたと見ている。

そして、明治三〇年代の終わり頃から単なる直観初歩教授とは別に「愛郷土心の養成を以て主目的とな」す郷土教育が登場してきたとまとめている。

第一編の第三章を「教育郷土化の思想」として、「大正二年頃より教育郷土化の思想が主張」されるようになったとし、「この時代の教育郷土化論は郷土科の主張とは異なった系統に属する郷土教育論である」と位置づけ、「教育郷土化の思想」と「直観初歩教授としての郷土教育」とを明確に区別している。

そして、「最近叫ばれている郷土教育論はこの時代の郷土化教育論と或る部分に於いて同じ系統に属している」として、「大正初年の郷土教育の思潮が昭和の初年郷土教育運動中に再び新しい装をもってその姿を顕わして来た」と、先に見た伏見が詳説している「現今の郷土教育論」（昭和六、七年の郷土教育）と大正四、五年に盛んに行われた「教育の郷土化」論との類似性を指摘している。

久木幸男は、『日本教育論争史録』の中で、昭和六年と翌七年に行われた郷土教育に関する二つの協議会での論争の解説で、その背景について次のように説明している。

昭和四年（一九二九）突発した世界恐慌の嵐がわが国にも吹き荒び、とくに農村の窮乏が激化していく中で、大正新教育のロマンチシズムは色あせたものと化し、教育の生活化を求める動きがいろいろのレベルで登場することになるが、その最初の一つの現れが郷土教育である。本論争はこの郷土教育の方向性をめぐる活発な論議として、十五年戦争に突入したばかりの日本の教育界をにぎわした。昭和六年（一九三一）十二月および翌七年八月の郷土教育関係者の会合で行われたこの論争は、具体的には郷土科特設の是非を争う論争として展開されたが、そこで問題になったのは、単に郷土教育を郷土科という特設教科で行うべきか、それとも各教科の教材を郷土化するにとどめるべきかという、狭い意味の方法上の問題にはとどまらなかった。新しい郷土社会の建設を目ざして、科学的・系統的な郷土知識の学習と総合的な指導の場として郷土科を構想するという形で、特設の主張が打ち出されたため、郷土教育を愛国心の基底としての郷土愛養成の場たらしめようとする主張と、正面から衝突せざるを得なくなり、郷土教育の目的や内容の論議を含みながら特設論争がくりひろげられることになったからである。

主として郷土教育実践家の間で、二年ごしになされたこの論争では、郷土科特設論が優位を占めた。郷土愛や愛国心の鼓吹では克服しようもない農村窮乏の現実が、厳としてあったからである[8]。

文部科学省がホームページ上の『白書』の中で『学制百年史』を公開していて「第一次世界大戦後の教育方策」について「教育拡充の時期」と位置づけ次のように述べている。

　第一次世界大戦後は各国に新しい教育運動が起こって、教育制度の上にも今までに見られなかった改革の気運をつくり出した。わが国は戦争の中心にははいらなかったが、戦時中から戦後にかけて、各国との連関が深まりさまざまな運動が潮流となってはいってきた。特に戦時中の経済上における利得、戦後に現われた恐慌、それらの中から、教育についてもさまざまな要請が出されたが、これに応えながら全体として教育拡充の時期にはいるようになった[9]。

ここで「第一次世界大戦後は各国に新しい教育運動が起こって」というのは、少し違う。「新しい教育運動」は、一般に「新教育運動」とよばれ、一九世紀末から二〇世紀初めにかけてヨーロッパから世界的に広がった教育改革の大きな流れのことをいい、「第一次世界大戦後」というのは、あたらない。新教育運動は、一般にイギリスのアボッツホームからはじまったと言われ、一九世紀の最後の年に刊行されたエレン・ケイの著作『児童の世紀』（一九〇〇）によって、二〇世紀の社会のあり方、教育のあり方の方向として児童中心主義を示した。さらにアメリカの哲学者・心理学者であるデューイによって、理論化されさらに実践化されていった運動である。

ここに描かれているように、日本は連合国側に与しながら、負担より経済的利得が多く、いわゆる大戦景気にわいた。こうした好景気を背景に、児童中心主義を謳った私立学校などが登場してくる。『赤い鳥』の創刊は大正七年だが、こうした好景気により読者層が形成されていた事情もあると考えられる。

しかし、大戦景気はやがてインフレを引き起こし、過剰生産も重なり、ついに一九二〇（大正九）年には日本は戦後恐慌とよばれる不景気に入った。その後、大正一二年には、関東大震災が起こり、さらに一九二九（昭和四）年一〇月にアメリカ合衆国に端を発した世界恐慌の影響で、翌一九三〇（昭和五）年から一九三一（昭和六）年にかけて日本経済は危機的な状況になり、昭和恐慌とよばれた。大正時代の好景気に農村から人口が流出していたこと、世界恐慌でアメリカ合衆国の絹糸の日本からの輸入量が激減したこと、豊作で米価が下落したことなどの要因から、農村部での経済的打撃が大きく、農業恐慌ともいわれた。

文部科学省の『学制百年史』では、この間の教育財政について次のようにまとめている。

教育財政については（大正　筆者註）七年に「市町村義務教育費国庫負担法」が成立して、教員俸給の一部を国庫が分担することとなった。その後経済上の困難のため地方財政が窮乏し、教育費の増額が要求され、一二年この法律を改正して国庫負担を増額した。それから昭和五年の改正まで数回増額したが、町村財政を助けて教育費の支出がじゅうぶんにできるまでに至らなかった(10)。

こうした不況下において、先に引用した久木の文章にもあるように「教育の生活化を求める動きがいろいろのレベルで登場する」ことになる(11)。

このような社会情勢の中での郷土教育の一つの取り組みとして、伏見は宮城県北村尋常高等小学校における実践を取り上げている(12)。そして、その独自性として農村振興、郷土開発を目的とした郷土教育と位置づけ、その目的達成に向けて学校と地域が一体となって取り組んでいる点を評価した。そして、同校の郷土教育推進の中心である斎藤校長の言葉を引用している。

小学校は農村に於けるすべての文化の中心である。故に農村に職を奉ずる我等は所謂小学校の教育のみならず、農村それ自体を指導し疲弊せる農村をよりよき状態に導くことが重大な任務と言わねばならぬ。我々が郷土教育を標榜する所以はここにあるのである(13)。

伏見は、同校の取り組みが「郷土教育一般の見地から見ても、余りに大人の郷土を中心とし過ぎる恐れがないとは言えない」としながらも、こうした「信念の下に十数年の間郷土教育に努力しつつある校長斎藤氏に対しては深き敬意を惜しみ得ないものである」と結んでいる(14)。

北村尋常高小では、既に昭和二年三月に児童、教職員、村民を構成員とした緬羊組合が結成され、以降継続的に様々な実践が展開された。

大友晃は、二〇〇七年に発表した「昭和初期農村小学校における「郷土開発」的郷土教育の展開—宮城県北村尋常高等小学校における実践を事例として—」の結びで次のように述べている。


先行研究では北村尋常高小の実践を、農村振興を目的に掲げた、学校と地域一体型の郷土教育とし、地域との連携のあり方が評価されたが、連携を円滑なものとして可能にした、前提となる北村尋常高小自体の郷土教育実践の詳細な分析がなかった。本研究では、教育内容の点では、農業科中心の各教科で、尋常科、高等科、公民学校と発達段階に応じ、系統的・関連的にその拡充が図られ、そのことが地域との連携の基礎となったこと、そしてその指導では、尋常科、高等科、公民学校の各教員、村農会、各組合技術員相互が連携し指導に当たったことを、連携の円滑な推進を可能にした前提として明確にできたと考える。[15]

直観初歩教授の意義や愛国心の養成などとは無縁とまではいわないまでも、かなり違う地平で、本当の意味での農村開発の基礎として初等教育を位置づけ、「尋常科、高等科、公民学校と発達段階に応じ」て、最終的には、実践力ある農民として郷土に貢献できる人材を養成することを目的としている教育になっており、それを「郷土教育」と名付けている。

先にも引用した『我国に於ける郷土教育と其施設』の中に郷土教育の分類を求める際、一般に多くの論者は、第一編の「郷土教育の発達」や第二編の「郷土教育の理論」から引用するが、同書第三編の「郷土教育の実際」の一番目の事例として挙げられている「宮城県桃生郡北村尋常高等小学校」を取り上げた大友晃は、第三編の分析編である第三章「郷土教育実施の趣旨」の中から、郷土教育の分類を抽出している。

『我国に於ける郷土教育と其施設』に掲載された調査は、昭和六年一二月二八日付けで行われた郷土教育の実際に関する詳細なアンケートで、「質問書を送付した学校は全国師範学校付属小学校一〇四校、昭和二年文部省が全国の郷土教育に就いて調査を行った際報告書を提出した小学校約五〇〇校中より選んだ一〇七校、その他郷土教育について特に研究をなし、これに就いて何等かの施設ありと考えられる学教一六一校、その他各府県より七一校をとって総数四四三校であ」ったが、返信してきたのはこのうち四八校であった。これに実地調査を行った学校での調査結果も加えて、都合五七校の郷土教育を分析したことになる。後海も「五七校は数の上より考えて決して多いものではない」としているように、四四三校からすれば五七校は約一三%にしか過ぎない。

しかし、少ないとはいえ、自校の郷土教育について発信する意欲のある学校からの返信であるとみることもでき、「現在行われて居る郷土教育の趨勢を明らかになし得る」ということはいえるだろう[16]。

このアンケートの中の「郷土教育実施の趣旨」についての具体的な質問は「貴校に於ては如何なる理由から郷土教育をお始めになりましたか」というもので、回答は自由記述で行われている。伏見猛弥は、これを「大体の傾向」として四つの類型を示した[17]。大友晃は注の中でこれらを次のように短い文章にまとめて提示した。

①方法的見地からの郷土教育
②郷土理解のための郷土教育
③郷土愛滋養のための郷土教育
④児童の生活及至は體驗の立場からの郷土教育[18]

その上で、昭和六年の実地調査を行った伏見の見解として「北村尋常高小の郷土教育実施の趣旨を郷土理解の郷土教育とし、その独自性を「郷土の発展改良」が目的」を紹介している[19]。伏見は、北村尋常高小の取り組みを「大体の傾向」としては、「郷土理解の郷土教育」としつつ、「大体の傾向」とは別に、独自性のある「郷土の発展改良」が目的である取り組みとしても捕らえていたことがわかる[20]。

「②郷土理解のための郷土教育」の中に、なぜ郷土理解が必要なのかの理由として「よりよき新興郷土を再構成」する為（香川県綾歌郡坂本小学校）、「よりよい郷土を建設する為」（広島県深安郡千田小学校）、「当町産業方面の開発を企図」（埼玉県南埼玉郡粕壁小学校）などをあげて、「郷土の発展改良という立脚地から郷土の理解を力説して」いるとして、訪問調査した宮城県北村尋常高等小学校と滋賀県島尋常高等小学校と合わせて農村の小学校の郷土教育の一つの特徴としている[21]。

先にみた久木幸男の論や、大友晃の具体的な研究にあるように、こうした「郷土開発」型の郷土研究は、当時の社会背景（世界的社会的・経済的状況も含めて）にともなう「昭和初期農村小学校における」郷土教育のあり方であり、時間的、空間的に限定的とはいえ、実践されてきた郷土教育の歴史的な一類型として、郷土教育の分類の一つとして、「郷土理解のための郷土教育」とは別に取り上げる必要があるだろう。

大友に先行して、「郷土開発型郷土教育」の実践に注目した板橋孝幸は、こうした取組みを「自力更生による村の振興を目的とし」た「独自の郷土教育」と位置づけ、文部省や郷土教育連盟などの中央での郷土教育論は、実際の農村部の小学校では適合しなかったとして「当時、郷土教育は農村教育と同義でしばしば使われ、恐慌により疲弊した農村の建て直しをも目指して展開されていた」とした。しかし、その実践の実態は研究対象になってこなかったといい、「この背景には、農村小学校で展開された郷土教育は体系的、理論的に構築されたものとはみなされていなかったことが考えられ」、農村小学校での「郷土教育実践の固有性は見落とされてきた」として、「郷土開発型郷土教育」がこれまで研究対象として取り上げられなかった理由を説明している[22]。

板橋が研究対象とした「滋賀県島小学校」は、『我国に於ける郷土教育と其の施設』にも「滋賀県蒲生郡島尋常高等小学校」として取り上げられており[23]、飯田晁三は、同校の郷土教育の特徴を「学校が同村の中心となって単に児童の教育のみならず、郷土の教育に迄すすんでいることにある。即ちソーシャル・センターとして活動している点にあると思う。その為に周密なる郷土研究をおこなっている」ことも評価し、校長をはじめとする教職員を賞賛している。

本論では、「自力更生による村の振興を目的」とした郷土教育を大友の「郷土開発的郷土教育」にならって、「郷土振興のための郷土教育」と名付けておきたい。

（四）郷土教育の分類のまとめ

ここまでにみてきた郷土教育の分類について、あらためて整理してみよう。

まず、池野範男は郷土教育を二つに分けている。

（1）方法としての郷土教育

（2）目的としての郷土教育

そして、よく引用される海後宗臣らの『我国に於ける郷土教育と其の施設』（一九三二）での伏見猛弥による「現在に於けるの郷土教育論」（昭和六年当時）の三分類が、

①客観的主知的郷土教育論

②客観的主情的郷土教育論

③主観的郷土教育論

と、なり、それぞれ、

①は、児童の認識の対象としての郷土

②は、児童の情操の対象としての郷土

③は、児童が認識したものが郷土

という考え方であった。

しかし、伏見は郷土教育全般を四つに分類しており、それは次のようにまとめることができる。

①「郷土的事物を教材として地理、理科、歴史の初歩教授を行わんとする意味の郷土教論」

②「主知主義的郷土教育論」(「客観的な郷土を教育の目標としてそれに関する知識を与える郷土教育論」)
③「反主知主義的郷土教育論」(「郷土に対する愛を覚醒せんとする郷土教育論」)
④「児童の生活体験を郷土としてそれを発展拡充せんとする意味の郷土教育論」

また、伏見は、昭和六年に行ったアンケート調査などを分析し、郷土教育をおこなう理由から郷土教育を四つに分類した。

①方法原理を主なる理由としておる学校
②郷土理解を其主なる理由としておる学校
③郷土愛涵養を其主なる理由としておる学校
④生活教育の立場を其主なる理由としておる学校

大友晃は、上記の伏見の分析を次のように晃は短い文章にまとめて提示した。

①方法的見地からの郷土教育、
②郷土理解のための郷土教育、
③郷土愛滋養のための郷土教育、
④児童の生活及至は體驗の立場からの郷土教育

上記の分類に入らない郷土教育として農村部における実践を、板橋孝幸は「自力更生による村の振興を目的」とした郷土教育、大友晃は、「郷土開発」型の郷土教育とした。

さらに、板橋孝幸は滋賀県蒲生郡の島尋常高等小学校における戦前の郷土教育実践の変遷を同校編纂の文献から分析し、その実践史を次の三つの時期に区分した。

〈第一期〉「科学的」認識型郷土教育の実践期　一九二八（昭和三）年～一九三一（昭和六）年
〈第二期〉自力更生型郷土教育の実践期　一九三二（昭和七）年～一九三六（昭和一一）年
〈第三期〉非常時局型郷土教育の実践期　一九三七（昭和一二）年～一九四五（昭和二〇）年

網羅的とはいえないが、多様な郷土教育の分類をみてきた。ここから本論では、まず、池野範男の説に従い郷土教育を「方法としての郷土教育」と「目的としての郷土教育」とに大きく二つに分類する。そのうえで、「方法としての郷土教育」を「直観教育としての郷土教育」と「主観的郷土教育」の二つに、「目的としての郷土教育」を「郷土理解のための郷土教育」、「郷土愛涵養のための郷土教育」、「郷土振興のための郷土教育」の三つに分類し、都合五つの郷土教育に分類することとする。

（1）方法としての郷土教育
　直観教育としての郷土教育　①
　主観的郷土教育　②
（2）目的としての郷土教育
　郷土理解のための郷土教育　③

⑷　郷土愛涵養のための郷土教育
⑸　郷土振興のための郷土教育

すべての郷土教育論、郷土教育実践がこの五つに割り切れるわけではないことはいうまでもない。また、これら五つは複合的に重なり合ってもいる。取りあえず、郷土教育の多様性と重層性を理解するための便宜的な分類である。

三　鹿児島県における郷土教育

（一）鹿児島県における郷土教育の位置づけ

鹿児島県では、郷土教育はどのように位置づけられているのだろう。

現行の教育基本法（以後、改正教育基本法という）は、二〇〇六（平成一八）年一二月二二日に公布、施行された。一九四七（昭和二二）年公布、施行の教育基本法（昭和二二年法律第二五号）（以後旧教育基本法という）の全部を改正したものである。

旧法の前文では、約一ヶ月後に施行される日本国憲法との関連が強く意識されており、日本国憲法に示された理想の実現が基本的に教育の力によると記載されている。その理念を大きく変更したのが、改正教育基本法である。

改正教育基本法は、その第一章の「教育の目的及び理念」の第二条の五として「伝統と文化を尊重し、それらをはぐくんできた我が国と郷土を愛するとともに、他国を尊重し、国際社会の平和と発展に寄与する態度を養うこと」を目標とした。

鹿児島県の郷土教育も、国の掲げた改正教育基本法の趣旨にのっとり、郷土教育について「伝統と文化を尊重し、それらを育んできた我が国と郷土を愛するとともに、他国を尊重し国際社会の平和と発展に寄与する態度を養う郷土教育の推進が必要」だと位置づけている。

さらに、教科別、学年別に行うのに適している郷土教育について、表1のように詳細にまとめている。

こうしてみると、先に決めた郷土教育の分

表1　郷土教育の全体計画

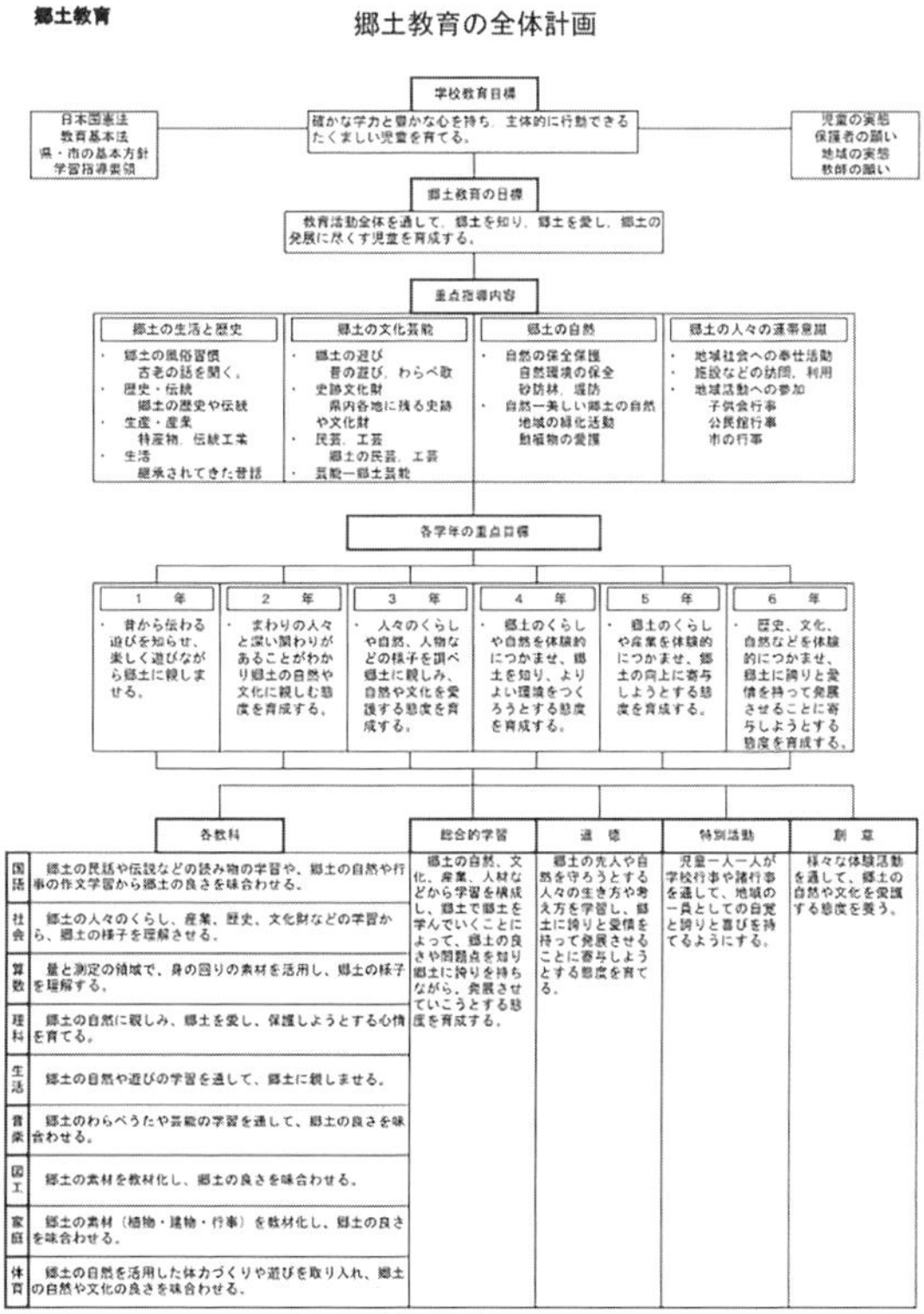

類で見ると鹿児島県の郷土教育は、「④郷土愛涵養のための郷土教育」だといえる。

しかし、前章でもふれたように、具体的な取り組みを単純に分類することは難しい面がある。例えば、少し古くなるが、桐野利彦は「郷土教育を積極的に」の中で、郷土教育の目的を「郷土をよりよく、より正しく理解認識させ、郷土に対する豊かな心情を養う」とした上で、次のように述べている。

郷土教育の目的には郷土の理解認識と郷土愛養成の二面があるのかということになりかねない。もし二面があるとすれば理解認識させることは割合よくできるとしても郷土愛の精神養成はどうしてするのかということになる。こうなると郷土教育はややこしくなり、混乱しすぐ行き詰まって仕様がなくなる。しかし、次のように考えると問題は簡単に解消する。これは絶対に正しいあり方である、こういうやり方で郷土教育を積極的に進めて頂きたい。それは『子供に正しく、よく郷土を理解認識させれば子供には自然に郷土愛の心情ができる』ということである。人間は誰でも自分がよく理解し、知っているものにはそれが自然物であろうと人間であろうと親しみや愛着の心が沸くものである。郷土教育においても、郷土を正しくよく子供に理解認識させればさせるほど子供には自然に豊かな郷土愛の心情が育つのであるから思い切って「郷土を正しくよく子供に理解認識」させることに全力を上げて頂きたい。私はいま迄述べた郷土教育の目的を簡単に認識と心情といっている。心情は認識から必然的に生れる。このことを常に念頭におくことが大切。何もあれこれと迷うことはない。(24)

この文章は桐野らが設立した「シラス地域研究会」が刊行した『かごしまの郷土教育資料』の冒頭にすえられた論文の一節だが、前章の議論でも見たように、郷土愛の涵養か、客観的知識の教育かの対立を解消しようとした時に必然的に立ち上がってくる一つの着地点である。すなわち①の「直観教育としての郷土教育」あるいは③の「郷土理解のための郷土教育」を進めていけば、必然的に④には行き着くということだ。さらにいえば、現場の教師は④のことは気にしないで①や③に突き進めばよい、ということでもある。

これは、おもに客観的知識の教育に重きを置く教師、前に紹介した分類でいえば、「主知主義的郷土教育論」の立場をとる教員が、教育行政の大きな枠組みとしての愛国教育との折り合いを付けるための方便であるようにもみえる。

一見「認識」と「心情」の両方を実現しようとしているように見えながら、「『郷土を正しくよく子供に理解認識』させることに全力を上げて頂きたい」と訴えていることからもわかるように、教師が傾注すべきことは「主知主義的郷土教育」で、国や県がいう「我が国と郷土を愛する態度」は、「主知主義的郷土教育」さえしていれば、自然と身につけることができるという考え方である。

「主知主義的郷土教育」をおこなっている教師たちの不安、すなわち、自分たちの指導が教育基本法や指導要領などと齟齬がないか、特に現行の教育基本法における「我が国と郷土を愛する態度」や、小学校指導要領の総則における「教育課程編成の一般方針」の二の「我が国と郷土を愛する「主体性のある日本人を育成するため」に、道徳の時間だけではなく「各教科」の「特質に応じて、児童の発達の段階を考慮して、適切な指導を行わなければならない」という文言との整合性について、不安を解消するための一つの考え方であろう。

（二）鹿児島の郷土教育と郷中教育

鹿児島県の郷土教育の一つの特徴として、郷中教育との関連をあげることができるだろう。郷中教育は、明治維新を成し遂げた偉人である西郷隆盛や大久保利通らを育てた教育システムとして夙に知られ、今日でも、その再興を願う声もある。例えば鹿児島県総務部の男女共同参画局青少年男女共同参画課が企画している「かごしま地域塾」では、その目的を「鹿児島の教育的風土や伝統を生かして、子どもたちが思いやりや自律心などを学ぶ「かごしま地域塾」の活動の充実を図るとともに、「かごしま子どもリーダー塾」等の実施により、ふるさとに根ざした国際的な人材を育成します」としており、取り組みを紹介するウェブサイトの最後に「かごしま地域塾は、郷中教育など古くからの鹿児島の教育の仕組みを取り入れて実施しています。郷中教育の原点は、今から四〇〇年前に、伊佐の新納忠元公が作ったと言われる「二才《にせ》咄《ばなし》格式《かくしき》定目《じょうもく》」であると言われています[25]」としており、当該取り組みが「郷中教育」を取り入れて実施されていると謳っている。

郷中教育は、明治維新以前の鹿児島における教育システムとして、その名前をよく知られているが、その内実はあまり、よく知られていない。また、その名前から郷土教育との親和性があると考えられてきた。

鹿児島県教育委員会が平成二二年度に作製した郷土教育のための副読本『続・郷土の先人「不屈

の心」中学生用』では、その最後に島津忠良と新納忠元を取り上げ、郷中教育について次のようにまとめている。教育委員会がどのように郷中教育をとらえているかを知る上でもわかりやすい。

郷中教育とは、江戸時代初期の薩摩藩で始められた、四百年の歴史を持つ青少年教育の伝統です。先輩が後輩を教え導くことで、勉学や武芸、山坂達者を学び合い、心身を鍛えました。みなさんがよく知っている西郷隆盛や大久保利通なども、この薩摩藩の郷中教育で育ったのです。

郷中教育には厳格な規律がありますが、これは、新納忠元という戦国時代の武将が定めた「二才咄格式定目」が原点であると言われています。また、その五十年前に、伊作島津家当主の島津忠良が作った「日新公いろは歌」も、郷中教育の基本を歌の形で表したものとして、繰り返し暗唱されました。(26)

この書ではこのあと、島津忠良と新納忠元の事績を紹介し、二人が師弟関係にあることを紹介している。そして、朝鮮出兵により領内に残った若者たちの間で規律が失われ風紀が乱れていったことを述べた後、「これに悩んだ忠元は、一五九六年（文禄五年）、七十四歳にして、領内の青少年教育の基本規則として「二才咄格式定目」を制定した」としている。(27) そして、島津忠良と新納忠元の郷中教育にたいする功績について次のようにまとめている。

島津忠良と新納忠元。ふるさとの青少年の教育に心をくだいた二人。この二人の精神は、それから約三百年後に活躍する明治の志士たちにも大きな影響を与えました。そして様々に形を変えながら、現在の鹿児島県の教育へと受け継がれているのです[28]。

郷中教育の受容に関して批判的な立場から研究をおこなっている安藤保は、論文や著書の中で「二才咄格式定目」の成立年代と作成者に繰り返し疑問を呈している[29]。様々な疑問が提示されているが、その中でも大きな疑問が二点ある。この二点は、郷中教育を肯定的に評価している北川鐵三も指摘している[30]。一点目は、現在残っている「二才咄格式定目」に記載されている日付が「慶長元年正月」（一五九六年）となっていること。慶長への改元は十月のため「慶長元年正月」は存在しない。二点目は、一五九六年正月には、作者とされる新納忠元は鹿児島にいなかったことである。二点目については、新納忠元の行動を記録した『新納忠元勲功記』の記述から、前年の一五九五年四月から一五九六年三月（旧暦）まで京都に行っていたことがわかる。

郷中教育は、その起源の古さがよく言われるが、確実にその存在がわかるのは幕末になってからだ。また、郷中教育が注目されるようになるのも明治に入ってからであり、その教育を「郷中教育」と名付けたのももちろん明治に入ってからである。

維新後、教育互助会としての郷中は機能しなくなるが、やがて「学舎」という形で郷中教育のシステムは復活する。そして、とくにイギリスのボーイスカウトの起源になったことなどを喧伝するようになり、軍国主義化する日本の社会の中で、すぐれた教育システムとして認知されるようになっていく。近時ではもうだれも触れなくなったが、松本彦三郎の『郷中教育の研究』の序文で倫理学者で修身の教科書の執筆もしていた友枝高彦は、郷中教育とヒットラー・ユーゲントとの交流に触れ「来朝する毎に鹿児島訪問はその欠くことの出来ない日程となった」といい[31]、また、松本自身も自序で「ヒットラー・ユーゲントが此の郷中教育から、極めて有用なる錬成的構想を学び獲ったという厳たる事実」をあげている[32]。昭和一八年という出版年が関係しているとはいえ、郷中教育の本質を表しているといえるだろう。

また、戦後の鹿児島の教育界でも、郷中教育は繰り返し復活が望まれた。そうした動きをもっとも整理して記述したのが、山下巖の文章だろう。山下は、戦前に広島高等師範学校を卒業し、鹿児島に帰郷後は県教育委員会で教育行政に携わった。鹿児島県立川辺高校、鹿児島市立玉龍高校などで校長を務めたほか、県教育委員会では社会教育課長などを歴任した。

山下の郷中教育に対するスタンスは、復活賛成だが、復活反対派の意見も幅広く取り扱い、その上わかりやすく整理している。その上で反対派が指摘する問題点を克服しようとする点に、冷静な分析者としての一面がある。

山下のまとめた郷中教育復活反対派の意見は「郷中教育の復活をめぐる論争」の中で「反対論の主張」として次のようにまとめている。

郷中教育を現代的な形であれ、これを今日復活しようとする動きに対しては、根づよい反対があります。その第一は、郷中教育は封建制度の中に生まれてきたもので、上下の人間関係を偏重している非民主的な点で、時代錯誤も甚だしいというのです。第二には、郷中教育が武士階級の子弟のために行われた戦士養成の教育であって、主君のためには死をも辞さない犠牲の精神など、不自然な精神教育と、極端な鍛練を内容とする人間性無視の教育となっている点をあげています。第三には、郷中という狭い地域社会を基盤として成立する教育であるため、排他的でセクショナリズムに陥り易いという点をあげています。第四には、今更郷中教育という古い方法を復活させなくても、現代教育の問題は、現代的手法で解決すべきものであるというのです[33]。

これに対して、郷中教育復活賛成派の意見の前提として次のように述べている。

郷中教育復活の賛成派といっても、旧藩時代に行われていたそのままを、今日の青少年の教育に適用しようとするものでないことはいうまでもありません。「現代的な復活」、「郷中教育の見直し」といった復活論の表現の中にも、それははっきり示されているところです[34]。

こうした前提の上で、なぜ郷中教育を現代に復活する意味があるのかを「賛成論の根拠」として次の三点に要約している。

第一は、異年齢集団のもつ教育性に着目して、青少年の間の失われたコミュニケーションを回復し、同一地域の仲間として親しみをいだかせ、社会人として必要な人間関係を訓練しようとするものです。異年齢の集団は、兄弟のような親しみをもった親和関係をつくり出し、年長者が年少者を指導しながら、年長者自身もより年上の先輩から指導を受けるということで、生活指導上効果のある教育集団とすることができるからです。

第二は、郷中教育の素朴な鍛練主義に注目して、今日見失われたたくましい心身の鍛練の方法を郷中教育から学ぼうとするものです。この中には心身の鍛練は同胞集団の一員となることによって、苦しみに堪え困難にもくじけない不屈の精神を養うことができるということで、異年齢集団の復活と共に素朴な鍛練主義を採用しようとするものがあります。

第三は、郷中教育のもつ道徳優先の価値観の復活をめざそうとするものです。「しつけとは、自分のこと、自分の利益のこと、自分の楽しみのことしか考えない子どもに対して、他人のことが考えられるようにしていくことである。」といった人がいます。戦後は私的欲求を充たすことが価値だという考えが大手を振って横行し、今や私的欲求が肥大化しすぎて非難されるようになっています。この考えは戦時中の「滅私奉公」の裏返しであって、共に極端な主張といわなければなりません。青少年の時代は、自己中心性からの脱却、利己心の克服のためのしつけをする最も重要な時期に当っています。ところが、戦後の教育界にはこの「私的欲求充足」を中心の価値とする道徳観が入りこみ、戦後の子どものしつけを不毛のものにしてしまいました。（中略）私的な感情的な世界から脱け出て、公的な普遍的なものへの献身の世界に生きるようにしつけられなくては、志を立てることも到底できません。志とは公的普遍的なものへ自分の心の向う方向をきめることだからです。郷中教育復活賛成論の中には、このような「道義性」ないし「精神性」へのあこがれがあるように思われます[35]。

短くまとめると、①異年齢集団のもつ教育性、②鍛練主義、③道徳優先の価値観の復活となる。これらは、今日的には簡単にはうなづけない部分もあるが、戦前、とくに昭和十年代に教育学を修めた者にしては、十分に今日的な視点を持ち得ているともいえる。①はさまざまな教育理論で繰返しその有用性が言われてきたし、③については「道徳」ということではなく、公共性という意味では、今日的にも十分意味を持っているだろう。

しかしながら、山下巖、または郷中教育の復活を願う人々の本音として、「公的な普遍的なものへの献身」の「『道義性』ないし『精神性』へのあこがれ」があることが吐露されているのは見逃すことができない。

「公的な普遍的なものへの献身」「へのあこがれ」は、鹿児島県における郷土教育が常に明治維新に集約され、その原因としての郷中教育にたどり着く時の論者たちの文字通りの憧憬であり、松本彦三郎が『郷中教育の研究』の自序で「教育は忠誠勇武己の分を守って一身を君国に捧ぐる皇国民を錬成する目標とするものであるならば、我が郷中教育こそ真の意味での教育である」といっているのと軌を一にしている。

先の郷土教育の分類に従えば、④郷土愛涵養のための郷土教育といえるだろう。そして、その郷土愛の先には愛国心が想定されている。

（三）郷中教育の部分的活用

前項で見たような「忠誠心養成」にならない郷中教育の現代化として、注目されているのが「詮議」である。北川鐵三は『薩摩の郷中教育』の中で「詮議」について次のように述べている。「詮議」は「穿儀」とも「僉議」とも書かれる。

「穿儀」（僉議・話合い）は各郷の二才（青年）が全員、相手の思想の自由と言論の自由とを認め合うことを基本にして、初めて成立するものである。即ち、相手の善さを学ぼうとして、相手の発言に対しては、静かに耳を傾けてそれを真実の話し合いによって、即ち、真の衆議を尽くすことによって、衆知を集めて、より高い道理を発現することができる。言い換えれば、郷中の二才（青年）たちは、かかる意味の真の話合によって、武士として守るべき法則・規範を発見し、また、全員の納得できる問題解決もでき、申合せ事項も決めることができたのである。[36]

当時、鹿児島女子短期大学教授だった村野守治がまとめた『郷土教育と青少年教育―詮議の考察を中心として―』では、村野の「郷土教育と青少年教育―詮議の歴史的文献的考察―」、古市勝也「郷中教育とグループワーク」、日高正信「詮議の具体的展開」によって、詮議の現代的意義について論じている。[37] また、当時黎明館館長であった新納教義が編集責任者になっている『郷中教育の歴史―その現代的意義を求めて―』では、「第三編　郷中教育の現代的意義」（田平直也）、「第四編郷中教育の今日的展開」（後田逸馬）などでは、郷中教育の現代的な意義として詮議を取り上げている[38]。

新納教義は、加治木の学舎である青雲舎の舎長を務めるなど郷中教育と深いかかわりを持っており、昭和五〇年代の鹿児島における郷中教育を現代に復活させる動きの一翼を担ってきた。

見てきたように、郷中教育復活派は、現代に活かすに当たって、郷中教育のいいところを残し、是正するところは是正するといい、そのいいところは、結局の所、異年齢集団による自主教育という点と「詮議」とよんでいる、討論、すなわち今日いわれているディベートの二点に集約される。

この二点は、先にも記したが、鹿児島における郷中教育の専売特許ではないし、現代にあったさまざまな方法や取り組みが世界的にも存在している。それをわざわざ「郷中教育」と名付けて復活させる意味は、「過去へのあこがれ」以外にはない。

その時々の教育界で求められているさまざまなことがらを郷中教育とよばれている方法の中に見いだし、だから郷中教育は優れているという理論で、中身はどうあれ、「郷中教育」という名前の教育メソッドを活用したいということでしかない。そして、その裏には単なる「過去へのあこがれ」だけではなく、「公的な普遍的なものへの献身の道義性、精神性へのあこがれ」が見え隠れしている。

四　未来の鹿児島の教育の為に

（一）郷土教育の未来

郷土教育といっても、さまざまなルーツをもち、さまざまな〝目的〟を持っていることをみてきた。それは、国の教育の基本方針や、県の教育の基本方針などに影響されながら、しかし、末端の現場レベルでは、それをさまざまに解釈したり、戦略的に誤読することで、必ずしも、そうした大方針に従っているわけではないことも見てきた。

郷土教育が地域学習と名前を変えようとしていることもあり、「郷土」はかつてよりさらに極端な形で公教育の場に入り込もうとしてる。郷土が生まれ育った場所であるとすれば、今日のように流動性の高い社会になれば、公教育の現場で教育を受ける側も教育する側も、〝本来の〟郷土ではない郷土を郷土として受け入れなくてはいけない場面も増えてきているはずだ。

その時の郷土の教育における有効性は、やはり、初心の〝こどもに身近な環境〟とされるときに発揮される。すなわち〝直観教授〟の具体的な場としての〝郷土〟である。

それは、昆虫を観察するのに、わざわざコスタリカの昆虫を使うのではなく、その地域に生息している昆虫を使って、「昆虫」という概念を理解させる教育である。これまで見た中での具体例でいえば、シラス研究会の主張する〝郷土〟の概念である。

郷土を学習するのではなく、郷土を使って〝普遍〟を学習するのである。したがって、多くの郷土学習で、その郷土の範疇は子供の発達とともにひろがっていくと考えているのは、発達とともに普遍化が進み、抽象度が高くなると言うことである。

郷土教育の大きな二分類でいえば、目的ための郷土教育ではなく、方法のための郷土教育ということになる。

鹿児島県における郷土教育が、〝鹿児島の素晴らしさに気づかせる〟ことに目的があるとすれば、それは、鹿児島県が他の地域より優れている、ということだろうか。そうではないはずだ。もし、郷土教育が、自分が生まれ育った場所が他の地域より優れている、自分たちの先人が他の地域の人々より優っているということを教えるためのものであれば、それは、他地域との共存や、他地域の良さを知るという郷土教育の次のステップ、普遍性が高まり、抽象度が高くなる段階に進めば矛盾が出てくる。その地域の素晴らしさは、同様の素晴らしさが他の地域にもあることを理解するためにあるのであって、お山の大将を育成しようとしているわけではない。

そのためには、目的のための郷土教育になってしまっては、いけない。方法の郷土教育の結果、郷土愛が目覚めるのであって、郷土愛を日覚めさせるために郷土教育を行えば、それは、教育ではなくなるだろう。

(二) 郷中教育の功罪

〝郷中教育〟は、すぐれた教育システムとして、現在も根強い人気と信頼がある。現在においてもなお、いくつかの利点があり、また、欠点も指摘されてきた。利点だけを現在に引き継ぎ、欠点は修正されればいいと郷中教育復活派はいう。

しかし、郷中教育は、次の一点で現在の公教育には適さないと考える。それは、その目指す人間像が単一的だという点である。良く言ってもその目指す人間像はリーダーである。しかし、誰もがリーダーを目指すわけではないし、適しているわけでもない。多様性を尊重しようという現代の教育において、リーダーだけを養成しようとする教育が、すべての子供にとって有益だとは思われない。軍人養成だとか、武人養成だとかいわなくても、現代においても十分にリーダーを養成する教育法としては確かに有効ではないかと私自身もおもう。しかし、この教育を地域のすべての子供に適用することは、やはり危険だと思う。これまでも、リーダーになれなかった、なる素質のなかった多くの子供や青年が、この教育の中で苦しんできたのではないかと思う。そうして、リーダーを選別するシステムとしては、優秀だとおもうし、同時にそのリーダーに付き従う要員を養成するのにもすぐれているだろう。しかし、個々人がもっているさまざまな才能を、それぞれに伸ばすための教育方法ではない。

郷中教育が目指す人間像は「素朴な鍛練主義」によって養成された「苦しみに堪え困難にもくじけない不屈の精神」をもった人間である。(39)

ここで、ひとつのエピソードを紹介したい。私の尊敬するある研究者は、現在八〇歳代で、江戸時代から郷中教育が行われた地域の学舎で学んできた方だ。この方をみていると、郷中教育によって育まれる精神がいかに素晴らしいものかを実感できる、そういう方だ。先日この先生がめずらしくペットボトルの水をもって歩いておられるので、めずらしいですね、と声をかけると、去年の夏の暑い盛り、外で長時間すごす機会があり、軽い熱中症になったので、その対策だと伺い納得がいった。しかし、その時もペットボトルの水を持って行ったにもかかわらず、熱中症になったのだという。その先生は、私たちの世代は「水はのむな」とたたき込まれたので、飲んだ方がいいと頭ではわかっていても、どうしても水を口にすることができないと笑っておられた。その時以来ペットボトルの水を持って歩いているが、いまだに飲むことはないそうである。「苦しみに堪え困難にもくじけない不屈の精神」は、人を死の危険にもさらす。

郷中教育の「素朴な鍛錬主義」は繰り返し同じことを体にたたき込んでいくことが基本で、一つの理想的な姿をめざす。それは、無意識にすり込まれてその人を支配する。

郷中教育の現代にも活かせる利点として詮議が取り上げられていることを紹介した。詮議は皆で意見を出し合うディベートのように理解されているが、郷中教育における詮議はじつは、話し合いの形をとりながら、いかに模範解答を即答できるようにするかという訓練に他ならない。禅問答のように究極の状況においても郷中教育が理想とする人間ならどう判断するかを繰り返し、問うことで、その思想を血肉化することに他ならない。話し合って自ら考えるかのようにみえる詮議ですら郷中教育では、「素朴な鍛錬主義」でしかない。

郷中教育が優れた人材を生み出したことを鹿児島県では喧伝してきたが、その帰着を明治維新としてみれば、確かにそのようにみえる。しかし、郷中教育が生み出した英傑の二大代表である西郷隆盛と大久保利通がその果てにどうなったのか。結果二人は最終的に武力衝突し、一方は自死し、一方はその後暗殺された。これもまた郷中教育の行き着くところであった。

幕末の郷中教育が明治維新の推進役となったのは間違いのない事実であろう。しかし、だからといって、令和の今日に、それを復活させる意義は少ない。もちろん、リーダー養成としては、有効な面を持っているだろうが、その反面、弊害も大きい。地域のリーダー養成として、希望者が郷中教育を受けるのは選択の自由である。しかし、多様性が尊重される現代では公教育の現場ですべての子供が参加しておこなう取り組みとしては、単一の目標しか持たない郷中教育はメリットよりデメリットが大きいと考えざるを得ない。

〔注〕

（1）島津俊之「明治前期の郷土概念と郷土地理教育」『和歌山地理』二五号、二〇〇五年、三〇‐六三頁

島津俊之「郷土概念と地理教育の偶有的接合―明治一九年「小学校ノ学科及其程度」をめぐって―」『日本地理会発表要旨集』七五、二〇〇九年、二九頁

島津俊之「郷土概念と初等地理教育の偶有的接合―明治一九年「小学校ノ学科及其程度」をめぐって―」『空間・社会・地理思想』第一三号、二〇一〇年、一九‐三七頁

（2）海後宗臣他『我國に於ける郷土教育と其施設』一九三二、目黒書店、一〇八‐一一三頁

（3）池野範男「郷土教育」『日本大百科全書』六巻、一九八五、小学館、九三〇頁

（4）池野範男「郷土教育」『日本大百科全書』六巻、一九八五、小学館、九三〇頁

（5）海後宗臣他『我國に於ける郷土教育と其施設』一九三二年、目黒書店、六四‐六九頁

（6）伊藤純郎『郷土教育運動の研究』思文閣出版、一九九八年、一一頁

（7）海後宗臣「郷土教育の発達」『我國に於ける郷土教育と其施設』一九三二年、目黒書店　一－五二頁
（8）久木幸男「郷土教育論争　解説編」『日本教育論争史録』一九八〇年、第一法規出版、三三六－三三七頁
（9）文部科学省「学制百年」http://www.mext.go.jp/b_menu/hakusho/html/others/detail/1317650.htm（二〇一九年八月八日最終閲覧）
（10）同上
（11）久木幸男「郷土教育論争　解説編」『日本教育論争史録』一九八〇年、第一法規出版、三三六
（12）伏見猛弥「宮城県桃生郡北村尋常高等小学校」『我國に於ける郷土教育と其施設』一九三二年、目黒書店、一〇二－一一二頁
（13）同上、一一二頁
（14）同上
（15）大友晃「昭和初期農村小学校における「郷土開発」的郷土教育の展開―宮城県北村尋常高等小学校における実践を事例として―」社会系教科教育学会『社会系教科教育学研究』第一九号、二〇〇七年、四三－四四頁
（16）海後宗臣「質問書に依る郷土教育の調査方法」『我國に於ける郷土教育と其施設』一九三二年、目黒書店、一九〇－一九八頁
（17）伏見猛弥「郷土教育実施の趣旨」『我國に於ける郷土教育と其施設』一九三二年、目黒書店、一九八－二〇五頁
（18）大友晃「昭和初期農村小学校における「郷土開発」的郷土教育の展開―宮城県北村尋常高等小学校における実践を事例として―」社会系教科教育学会『社会系教科教育学研究』第一九号、二〇〇七

年、四四頁
(19)同前項　三七頁
(20)伏見猛弥「郷土教育実施の趣旨」『我國に於ける郷土教育と其施設』一九三二年、目黒書店、一九九頁
(21)同前項
(22)板橋孝幸「昭和戦前期農村小学校における郷土教育実践の変容―「科学的」調査から自力更生的実践への転換―」『東北大学大学院教育学研究科研究年報』第五三集・第二号、二〇〇五年、二一一－二二二頁
板橋はこの論文のあと、「戦時期農村における郷土教育実践の変質」(二〇一三)において、戦時体制下の郷土教育実践の変化について論じている。
(23)飯田晁三「滋賀県蒲生郡島尋常高等小学校」『我國に於ける郷土教育と其施設』一九三二年、目黒書店、一四五－一五八頁
(24)桐野利彦「郷土教育を積極的に」『かごしまの郷土教育資料　第一号』シラス地域研究会、一九八九年、四頁
(25)「かごしま地域塾」推進事業について」http://www.pref.kagoshima.jp/ab14/kenko-fukushi/kodomo/ikusei/27ri-da-zyuku.html最終閲覧日（二〇一九年七月一四日）
(26)「いにしえの道を　島津忠良、新納忠元」『続・郷土の先人「不屈の心」～中学生用～』鹿児島県教育委員会、二〇一一年、一四七－一四八頁
(27)同前項書、一五五－一五六頁
(28)同前項書、五六頁

(29) 安藤保『郷中教育と薩摩士風の研究』南方新社、二〇一三年
(30) 北川鐵三『薩摩の郷中教育』大和学芸図書、一九八一年、六五頁
(31) 友枝孝彦「序」松本彦三郎『郷中教育の研究』第一書房、一九四〇年、二一-三頁
(32) 松本彦三郎『郷中教育の研究』第一書房、一九四〇年、一六頁
(33) 山下巌『鹿児島の教育　下　―第三郷中教育の時代―』国書刊行会、一九八一年、二一五頁
(34) 同前項書、二一五-二一六頁
(35) 同前項書、二一五-二一六頁
(36) 北川鐵三『薩摩の郷中教育』大和学芸図書、一九八一年、八一頁
(37) 郷中教育研究グループ編『郷中教育と青少年教育―詮議の考察を中心として―』郷中教育研究グループ、一九八四年
(38) 郷中教育研究会『郷中教育の歴史―その現代的意義を求めて―』郷中教育研究会、一九八四年
(39) 山下巌『鹿児島の教育　下　―第三郷中教育の時代―』国書刊行会、一九八一年、二一六頁

第五章　明治・大正期の鹿児島県における「教育の郷土化」

萩原和孝

はじめに

教育に変革が求められるとき、わが国においては、しばしば郷土教育や教科の合科化・総合化が主張されてきた。たとえば、一九九八（平成一〇）年の学習指導要領改訂では「総合的な学習の時間」が新設され、二〇〇六（平成一八）年の教育基本法の改正では、教育の目標の一つに「伝統と文化を尊重し、それらをはぐくんできた我が国と郷土を愛するとともに、他国を尊重し、国際社会の平和と発展に寄与する態度を養うこと」と、愛国心・愛郷心を養うことが盛り込まれた。最近では二〇一七、一八（平成二九、三〇）年の小・中・高等学校等の学習指導要領改訂によって、各学校のカリキュラム・マネジメントの観点の一つとして、教育の内容等を「教科等横断的な視点」で組み立てることや、小学校では、幼児期教育から小学校段階への円滑な接続という観点から、生活科を中心とした「合科的・関連的な指導や弾力的な時間割の設定など」が求められている。

郷土教育や教科の合科化・総合化を求める動きは、その背景や目的に違いはあるものの、すでに明治・大正時代にも見られたものである。本章では、明治・大正期における鹿児島県での「教育の郷土化」の実際を、学校現場レベルを中心として明らかにしたい。

一　師範学校・女子師範学校の附属小学校での取り組み

(一)「直観教授」「実科」細目

実科(理科・歴史・地理等)の教授のために、教科書だけでなく実物を用いたり、複数の教科や活動を統合して総合的に学習させたり、「直観教授」「郷土科」の特設という低・中学年実科カリキュラムを構想したりという試みは、すでに明治三〇年代に東京高等師範学校やその附属小学校(以下、東京高師附小)で展開されていた。そして、それらは樋口勘次郎の『統合主義新教授法』(同文館、一八九九(明治三二)年)や棚橋源太郎『尋常小学校に於ける実科教授法』(金港堂、一九〇三(明治三六)年)などを通して、全国にも知られていた。[1]

鹿児島県でもそのような動向を受けて、鹿児島師範学校附属小学校(以下、鹿児島師附小)が一九〇二(明治三五)年に『尋常科各教科教授細目』(修身科・国語科・算術科・唱歌科・裁縫科の教授細目)を作成し、国語科において、実科的教授細目を示している。第一、二学年の「直観教授」の教授細目(各学年四〇週分)と、教授細目の名前は記されていないが、第三、四学年の実科的内容を含む教授細目(各学年とも四〇週分が二つ。以下、便宜上「『実科』細目」とする。)である。国語科にはさらに「地理基礎観念養成法」も示されている。

国語科に実科的内容を位置づけた背景には、一九〇〇（明治三三）年の小学校令施行規則において、国語読本の材料を「修身、歴史、地理、理科其ノ他生活ニ必須ナル事項ニ取リ趣味ニ富ムモノタルヘシ」とされたことが影響していると思われる。

第一、二学年の「直観教授」の内容は、半数近くが同書の国語科の配当題材と関連、または類似したものとなっている。また、理科的題材、とくに生物（動植物）の形態や生態に関する題材が多く（第一学年第一週「温度、草木ノ発芽、葉」、同第三週「蝶、花ト蝶トノ関係」など）、地理・歴史的題材は第二学年二〇週「島、嶼、岬、湾」や第一学年第四〇週「石碑、西郷、大久保公誕生地」などがあるが、極めて少ない。社会的機能に関する題材は第一学年第三九週「学校附近ノ官署」、第一学年および第二学年の第三七週「鉄道、汽車」などわずかしか見られない。また、題材配列は、例えば尋常二年の「桜樹」（第二週）→「蛙」（第一六週）→「柿、梨」（第二三週）→「雪、霜、氷、性状」（第三三週）のように、おおよそ季節的変化にあわせたものになっているが、地理的・空間的順列はとくに考慮されていないように見受けられる。

第三、四学年に掲載された「実科」細目は、各学年で二つずつ示されている。最初の四〇週は一週分に複数の題材が示されているが、次の四〇週は一週に一題材が示され、比較的簡素な配当題材となっている（表1）。なぜ二つの配当案が示されているのかは不明であるが、最初の四〇週分には同書に示された国語科（読み方）の題材が多く含まれている。「実地観察」や「修身」の要素も盛り込んでおり、例えば、第三学年の第一一週「甲突川」、同学年第三六週「鹿児島ステーションのありさま」、四学年第九週「吉野村に遊びしことを記す」などのように郷土的題材が実地観察と

表1　鹿児島附小　尋常科四年　二つの「実科」細目例

細目	週	内容
細目一		（前略）
	二十三	鈴木今右衛門氏婦人をめぐみしはなし…（修身）
		長崎港のこと…（読み方）
		鹿児島港のこと
	二十四	博愛…（修身）
		湊川の戦…（読み方）
	二十五	楠正行公をさとすはなし…（読み方）
		正行公幼時の遊戯…（読み方）
	二十六	砂糖のつくり方…（読み方）
		物を送る文
		物をもらひし御礼文…（読み方）
		（中略）
	三十六	公衆衛生につき心得べきこと…（修身）
	三十七	租税のことにつき…（読み方）
		外国人に対する心得…（修身読み方）
		校友会に出会をうながす文
	三十八	政府…（読み方）
		鹿児島市
		（後略）
細目二	一	電気ノ用方ハ極テ広シ
	二	世界ハ勝レタル我国柄
	三	光り照りそふ日の御旗
	四	能く勉強す能く運動す
	五	松島天橋立厳島和歌浦
	六	日光鎌倉奈良須磨明石
	七	京都大阪名古屋鹿児島
	八	広島川内金沢徳島熊本
	九	用事之れ有り御供致し難く候
	十	明日迄には間に合ひ兼ね候
		（中略）
	三十三	織田信長ハ朝廷（ママ）ヲ尊ブ
	三十四	豊臣秀吉国乱ヲ平定ス
	三十五	家康幕府ヲ江戸ニ開ク
	三十六	近日米国へ御渡航の由目出度存じ候
	三十七	此品船中御使ひ料にもと差上候
	三十八	外務内務大蔵陸軍海軍
	三十九	司法文部農商務逓信省
	四十	憲法ヲ議会ヲ設ク

鹿児島県師範学校附属小学校編『尋常科各教科教授細目』吉田書店、一九〇二（明治三五）年より作成。

して示されている。また、第一、二学年の「直観教授」と比べると、歴史的内容を多く含んでいるのが特徴的である。

鹿児島師附小のカリキュラム作成の背景には、やはり東京高附小の影響が大きいと思われる。例えば、実科的教育内容が尋常科第一、二学年（「直観教授」）と第三、四学年（「実科」細目）で大きく分けられている点は棚橋源太郎の実科構想と類似している。さらに鹿児島附小の『尋常科各教科教授細目』では、修身科第一学年の「例言」において「一、樋口勘治《ママ》郎氏著、修身童話、及漣山人著、日本昔噺をも、便宜参照すべし[2]」と、東京高師附小の訓導で明治三〇年ごろから「統合教授（統合主義）」論を展開し、低学年合科的実践を行っていた樋口勘次郎の著作に触れている。上記の点から考えると、鹿児島師附小における実科教授の試みは、直観主義教授論にもとづく樋口勘次郎の実践や、棚橋の実科特設論などの影響を受けていたと考えられる[3]。

ただし、棚橋源太郎が『尋常小学に於ける実科教授法講義要領』（育成会、一九〇二（明治三五）年）で示した「直観教授」および「郷土科」の教授細目と、鹿児島師附小のものとを比較すると違いも見られる。

鹿児島師附小における「直観教授」と「実科」細目が、国語科の中で位置づけられ、国語読本の題材を多く含んでいることからも、それらが国語科（読み方）を軸として考えられたものであることがわかる。そのため、若干の季節的配列が見られる程度で、基本的にランダムな題材選択・配列になっており、独立教科としての教科構成理論にもとづいた題材選択・配列になっているとは言いがたい。

一方、棚橋は「尋常小学校初の二学年間に於ける直観教授は、我国現行の教則に於けるが如く、其の位置を国語科中に置き、之れと相結合して教授し、若し其の材料上に於て欠くる所あらば、宜しく其の学校郷土等の事情に顧み、特に其の児童に向ひて、適切なる教授細目を編纂し、之れによりて其の欠を補ふことの最も適切なるべきを信ず」と、「直観教授」を国語科の中に位置づけることを述べているものの、「実業教育振興の必要を絶叫せばならぬ我国で、今日の様に、実科を、独立の教科としないで、僅に国語科の内に含まして置くことは果して其の当を得たものであらうか[4]」と述べ、実科を国語科から独立した教科として設置しようとしている。実際、棚橋が示した教授細目例を見ても、独自の題材選択・配列がなされ、鹿児島師附小の教授細目と比較すると季節的配列の意図も明確である。このように実科的教育内容を、既存の公的制度などに縛られずに独立教科目を特設して教授しようとするのか否かという点が、鹿児島師附小と東京高師附小（棚橋源太郎）の実科構想との大きな違いである。

また、そのことは学習題材の国家主義的性格にも影響を与えている。棚橋が提示した「直観教授」「郷土科」の学習題材を見ると、東京という地域に限定した内容となっており、国家主義的な題材はあまり含まれていない。一方、鹿児島師附小の第三・四学年の実科的教授細目には、「日本国」（三年第一週、四年第一週）、「神武天皇の御東征」（三年第二週）、「日の丸の旗　国旗取り扱ひの心得」（三年第三週）、「わが皇室」（四年第三週）、「今上天皇陛下の御代」（四年第三九週）、「国民のつとめ」（四年第三九週）など国家主義的な題材を多く含んでいる（表2）。これは鹿児島師附小があくまで既存の教則の範囲内で実科的内容を教えようとしたため、既存の教科目である読方や

表2　東京高師附小と鹿児島附小のカリキュラム比較

東京高師附小　郷土科　尋常科三年　年間三十四週 左記は第二学期のみ	
週	内容
一、二	上野の丘～位置境域公園内重なる道路重なる建物の目的忍ヶ岡聖堂の跡上野公園の戦（彰義隊）紀念銅像（西郷隆盛）の由来
三、四	上野停車場～目的組織鉄道線路列車の組立 藍染川～位置水源河口支流利用（排水灌漑）流水の作用大雨後の状況　根津の平地～境界流域谷住民
五	地図及ひ模型の製作～平面縮図（上野の丘本郷台根津の平地不忍の池の等を含む）
六、七	隅田川～広さ深さ水源潮汐五大橋　橋の効用　両国橋の構造　他の鉄橋との比較歴史 渡船場　両国橋上の観察船の種類構造効用船にて運搬せる貨物筏河流の効用（通運灌漑水産）河に産する動植物漁猟の方法　神田川及ひ藍染川との比較
八～一〇	宮城～位置境域諸門城内の建物御苑江戸城の沿革～築城前の江戸太田道灌、徳川家康

鹿児島附小　教科名なし　尋常科三年　年間四〇週 学期による区分けはなし	
週	内容
一	日本国…（読み方）
二	神武天皇の御東征…（読み方）
三	金鵄勲章の由来…（読み方） 日の丸の旗　国旗取り扱ひの心得…（修身） 郊外に遊びしことを記す…（読み方） （中略）
七	ゐなかのけしき…（実地観察） 我がすめる町のありさま…（読み方） （中略）
一一	召使に対する心得…（修身） 川の効用…（読み方） 甲突川…（実地観察） （中略）
一三	鹿児島港のことをしるす…（実地観察） 読本の挿画につき （中略）
二八	神仏を拝する心得…（修身）

維新遷都　御濠の動植物生活～鴨の形態生活の方法（食物住処移転）他の動植物との関係 一一～一三　市内の工場地（本所区深川区）製造場の種類石鹸製造所～工場の組織、原料、器械製造法、製造品の品質販路、玻璃製造所～工場の組織原料、器械製造法、製作品販路、セメント会社～工場の組織、原料、器械製造法製作品の効用販路、紡績会社～工場の組織、原料、器械製造法、製造品の販路、染織工場～工場の組織、器械製造法、製作品の品質販路、職工工女の生活、工業と農業、砿業、水産業、林業、商業との関係	兵士の心得…（読み方） 読本の挿画につき 兵士に対する心得 相成り候、居り候の練習…（読み方） （中略） 三六　むかしの旅行のありさま 鹿児島ステーションのありさま…（実地観察） 致すべく候これ有り候の練習…（読み方） （中略） 四〇　菅原道真公のはなし…（読み方） 磯天神に遊びしこと…（実見観察） 運動の大効なること 梅の花

棚橋源太郎『尋常小学に於ける実科教授法講義要領』育成会、一九〇二（明治三五）年、鹿児島県師範学校附属小学校編『尋常科各教科教授細目』吉田書店、一九〇二（明治三五）年より作成。

修身から学習題材を選択せざるを得なかったことによるものと考えられる。これもまた、とくに実科的教科目の特設を文部省から認められた東京高師附小と、そうではない地方の師範附小との違いが表れたものともいえる。

しかし、既存の教科目の枠組みの中とはいえ、東京高師附小とほぼ同時期に実科的内容の教授を試みていたことには注目すべきである。[5]　このことは、「東京（中央）→地方」という図式で示されるような〈受容するだけの地方〉の姿ではなく、中央の影響を受けつつも、既存の公的な教則という制限された枠組みの中で、主体的に教育改善を行おうとする地方の姿を表しているといえよう。

（二）合科主義的教科としての「自然科」

大正時代には木下竹次（奈良女子高等師範学校附属小学校）が「合科学習」を提唱するなど、主に師範附属小学校や私立の学校において、公的カリキュラムに縛られない自由なカリキュラム構想・教育方法の模索が行われており、そのような自由主義・児童中心主義的教育運動は後に「大正自由教育」と言われるようになった。その時期に、第一次世界大戦を契機とした科学技術振興、科学・理科教育の推進や、当時の公的制度では低・中学年には設置されていなかった理科の早期化の要望などを受けて、自然科（低学年理科）特設運動が起こった。そして、それは沢柳政太郎が開校した成城小学校において、理科教育を第一学年から開始する「自然科」として結実する。[6]　さらに、実験的な私立の学校だけでなく、「一般の公立小学校でも『必ずしも法令にとらわれないで』自然科を低学年から研究的に実施してもよいという気風をも生みだした」と言われている。[7]　そのような潮流も受けて、公的にも一九一九（大正八）年以降、理科の開始時期がそれまでの第五学年からではなく、第四学年から課せられるようになった。

鹿児島においても、児童中心主義の思想と自然科（低学年理科）特設運動が交わることで、「合科主義的教科としての自然科」論・カリキュラム案が生みだされた。それが鹿児島女子師範学校附属小学校の落合盛吉による「自然科」論・カリキュラム案である。落合は一九二〇（大正九）年二月に開催された第一五回鹿児島県教育研究会において「自然科的取扱に就て」という発表を行い、その内容が『鹿児島教育』同年四月第三一八号に掲載された。

落合は、多く主張されている低学年理科や自然研究が「現在尋常科第五六学年あたりに課せられて居る普通の理科的取扱を一寸程度を下げてやる位の事で一種の理科教授」に過ぎず、「小学校各教科の基礎陶冶としての又は各教科の徹底方法として或は小学校教育全体の渾一体的取扱としては中々主張されて居ない」ことを批判した。そして、「自然科」の目標を単なる低学年理科とするのではなく、「吾々の人格を自然といふ実在の鏡にかけて自己を厳視するときに自然と自己との融合渾一の力強き覚醒の我を感ずる」こと、「自然の真意《ママ》味に徹し後反省することによつて自然と人間とは即したるものと認識」させること、すなわち「広い意味の自然を読むといふ事」「自然を積ませるといふ事」とした(8)。

そのため、「教科として分かれない前の取扱であり各教科の有機的総束的としての価値陶冶」としての「自然科」特設を主張する(9)。落合のいう「自然」とは「吾々の生活に於ける環境の事象全体即ち天然と云はず人工と云はず（自然と社会）すべてを含む事象全体云う《ママ》ので児童に直接的な周囲の世界」のことを指し、論理的意味ばかりでなく、心理的意味・宗教的芸術的意味や取扱いを含むものとした(10)。これらから、落合がたんに既存の個別教科目を寄せ集めるだけの合科主義を目指したのではなく、各教科の基礎陶冶、有機的総束的陶冶としての渾一体的取扱を目指していたことが分かる。

教材の選択については「児童は人格者である、生きて居る事に真に敬意を表はさねばならぬ」として、「自然が存在し生育する所現象の現場に置けば各自かそれ相當に自己に適した即ち関係の直接的な材料を選択し得るのである」と、原則としては児童自身に選択させ、場合によっては教師が「児童の生活に適合する直接的な事象で児童の経験を豊富にし興味を起こし同情心を発達させ判断力や推理力や想像力を修練する様な動的なもの」を大まかに選択するものとした[11]。教材の配列については「元より児童の自然的心意の発達と児童相應の思考にまかせて置けば充分であるが多少の教師の暗示によつて総合的から分解的に進み循環的で発生的な排列をとる事は至極必要なことである」とした[12]。

そして、落合は年間指導計画ともいうべき第一学年から第三学年までの自然科的取扱題目一覧表を作成している（表3）。これは「大体の標準を示した材料であり又大体よるべき排列組織」であり、「必ずこの表中の材料に限るといふのではない」と述べている。その構成を見てみると、時数としては週一〜二時間程度、年間では一年生が計六二時間、二年生が七五時間、三年生が七五時間と計画されている。題目は「花類」「鳴く虫類」など動植物に関係するものや、「学校の庭」・「城山」・「動物園」など地域の施設や場所を取り上げたものが多い。「合科主義的教科としての自然科」を目指しているとはいえ、「低学年理科としての自然科」から発展したため、主として理科的題材との関連が多い。歴史的題材との関連は少ないが、神社との関連がよく見られる。自然認識に関するものが多い中、第二学年三学期の「車」や、第三学年二学期「停留場」は地理的題材の交通、運搬等と関連づけられており、社会認識を育てる題材となっていると考えられる。また、国家主義的

表３　自然科的取扱題材の一例

第三学年

学期	月	週	題目	時間	理科的題材	地理的題材	歴史的題材	備考
二	九	一	水	二	サイホオン製作実験			△以下自由研究題材の選択も自由にす
		二	秋の昆虫類	二	バツタ、カマキク（ママ）其他		銅象（ママ）、	
		三	賞観（ママ）の花類	二	ハキ其他の花類		三公の事蹟	
		四	照國神社	一	動植物（池中のものも）	名所	鶴嶺神社	
	一〇	五	城山	一	生物ト気候ノ有様	気候と生物		
		六	食用植物類	二	ヘチマ其他			
		七	学校園	一	エンドウ、ソラマメ等牧草ノ播種			油菜の播種
		八	天体	二	太陽、運行と光			
	一一	九	停車場	二	汽車交通運搬ノ有様	交通、運搬乗客旅行等		
		一〇	火	二	炭ノ火			
		一一	有田植物類	二	蝋燭ノ火　茶其他			
		一二	果実類	一	果実と種ノ散布			大麦、胡瓜、茄子ノ播種
	一二	一三	雑草類	二	オホバコ其他			
		一四	衣服類	一	衣服と身体			
		一五	城山	三	冬の自然と気象動植物の越年		南洲、大久保、東郷、誕生ノ地	小麦、裸麦ノ播種
			冬休暇		自由研究			

註：題目一覧表において「綴方、図画、算術等の諸題目を掲げなかつたのはこれ等を軽ろんじたのではない、題目を特に表はす必要がないから畧した」のであって、「備考のところに△印ある題材は全く児童の自由研究として課するもの」であるとされている。
落合盛吉「自然科的取扱に就て」『鹿児島教育』一九二〇（大正九）年四月第三一八号、五一～五二頁より作成。

取り扱いに関しては、「照國神社」や「西郷、大久保両氏誕生ノ地（古戦場）」「招魂社」「八坂神社（素盞嗚噂稲田姫）」などで郷土愛と国家愛を接続するような取り扱いが想定されていた可能性はあるが、定かではない。題材一覧表全体を見渡した場合、前節の鹿児島師附小のカリキュラムでみたような直接的に皇国史観と関連した題材はなく、国家主義が強調されたカリキュラムとはいえない。

指導方法は「強制的な注入であつてはならぬ又無味乾燥な命令であつてはならぬ。（中略）児童の内部に深く潜んで居る尊い其の素質の芽を伸延せしむる様でなければならぬ」として、児童の内部を動かす「暗示と刺戟」が必要であるとしている。さらに、「児童には全く独立して自由研究すべき事を奨励し其の研究を為さしめるため家庭とも連絡して適當な奨励を怠らぬ様にして置きたい」とし、学年が進むにつれて、教師の指導を離れ、児童による自由な研究が行えるようにすべきであると提言している。

以上、落合の「自然科」論およびカリキュラム案をみてきたが、落合の「自然科」論には、木下竹次の「合科学習」の概念と重なる部分が非常に多い。木下は「合科学習は学習生活を幾部門に分類せずこれを渾一体として学習する方法である。（中略）合科は分科を総合する意味でない」、「学習はみずから機会を求めみずから刺激を与え、またみずから目的方法を立てて進行するところに成立する」と述べており[13]、これらは前述の落合の考え方と同一のものと捉えてよいであろう。

このように木下と同様の「合科主義」概念を備えていた落合であるが、実際には「低学年理科としての自然科」という考えの影響が大きく、理科的題材が多くを占める結果となっていた。とはいえ、落合の「合科主義的教科としての自然科」は、低学年における実科的・合科主義的教科の一形態として、歴史的意義を持ったものであると指摘できる。

二　附属小学校以外の取り組み

(一) 郷土資料調査・教育の郷土化

低・中学年で実科的教科を教えようとしたのは、師範附属小学校だけではなかった。鹿児島県の曽於郡大崎尋常高等小学校第一研究団は、「地理の基礎的観念は尋四までの間に主として国語科につき郷土の観察により之を養成し尋五の初に於て之れを整理すべし[14]」と、低・中学年の国語科を地理科の準備科目として利用することを示唆している。これは先に見た鹿児島附小と同じように、既存の教科目の中で実科的教育内容を教授しようとする考え方である。

また、すでに鹿児島県では明治末期に内務部学務課が、訓育及び教授改善の一方策として「郷土を主とし郡県教授資料を調査せしめ実用的知識を授與して善良なる公民の養成を期せしむること[15]」を指示していたが、鹿児島県の一九一〇（明治四三）年度の調査によると、実際の教育現場レベルでの「郷土ニ於ケル教授資料編製《ママ》小学校数」は全部で一三六校であった[16]。これは県の小学校全体六三〇校（尋常科・尋常高等併置・高等科・分教場の合計[17]）における実施率としては二一・六％であるものの、師範学校附属小学校以外の小学校で、すでに「郷土ニ於ケル教授資料」を編成していたことを示すものである。

各小学校レベルにおける郷土資料の編成活動は、郷土教育資料に対する教師の意識を高め、教育の郷土化を推進した。肝属郡の神山尋常高等小学校では、一九〇八（明治四一）年、教員で構成する委員会を設置して郷土材料の研究を行い、それによって「郷土に対する注意が一般に喚起され郷土の利用が教授の上にも着々と顯はれ」てきたという[18]。また、日置郡伊作尋常高等小学校では、「郷土に於ける産業及地理歴史理科に関する事項を調査研究し一覧表とし教室に掲載して教授資料となし或は校外教授をなして実地に付観察せしめしに大に児童の郷土を読むの力を増進し教授訓練上多大の利便と効益とを得たり[19]」と、郷土調査の成果を教授資料作成や校外学習に活用し、児童の「郷土を読む」力の養成に役立たせていた。

また、各教科の郷土化については、地理科・歴史科・理科などを中心に、実物・実地観察を重視する直観主義的教授方法と関連して言及されることが多かった。横山常彦（鹿児島高等小学校）は「百聞は一見に若かず、実物につき実地をふみて観察し直観したる知識は明瞭確実にして遺忘すること少し。之れを以て直観は教授学習の無上の手段なり[20]」とし、地理・歴史・理科については「郵便物の種類及往復信書一般の実物を知らしめ且実際に取扱はしむ」「郷土に関する地理歴史理科の材料を見逃すな」「工場参看に伴ひ行くべし[21]」と述べている。前述の大崎尋常高等小学校第一研究団も、歴史科では「郷土に関する須知の事項は之に該当したる時代を教授する際に於て適宜附説すべし[22]」とし、地理科では「本科の教授は直観と想像とによりて行はる、故に何れの場合に於ても郷土の直観によりて得たる観念を基礎として想像せしめ且つ地図模型標本写真絵画等の間接直接的方便物を利用して得識を明確にすることを忘るべからず[23]」と述べている。

以上のように、師範学校附属小学校以外でも、教師による郷土調査・資料蒐集をきっかけとして、地理、歴史、理科を中心に郷土を意識した直観的教授方法を取り入れるようになった。さらに児童に「郷土を読む」力を付けさせるために、校外で実地観察をさせる学校や、国語科を地理の準備科目として設定しようとする学校もあらわれていた。

(二) 農村部での「教育の郷土化」

農村部では都市部とは異なった視点から「教育の郷土化」が叫ばれるようになった。例えば、鹿児島県の各郡市における一九一五(大正四)年度教育施設計画・実施計画から、教育の郷土化に関する特徴的なものを挙げると、指宿郡においては「教育の郷土化及び農業教育の尊重」として、教育の郷土化と農業教育が関連づけられている。「各校の郷土的施設の調査」の備考では、一九一四(大正三)年度の奨励の結果、「尋常小学校にも農業実習地を設けた」ところがあることや「小学校の農作物が郡の品評会に於て褒賞を受けたるもの」があったということを記している[24]。

また、田上代用附属小学校(以下、田上小)では、次のように実施計画を立てている。

代用附属小学校の経営は本校附属小学校とは趣を異にし純農村小学校として地方の特質を顧慮し西武田村の実際に適応する自治農民を養成するを目的とす此の目的の為に先づ西武田村の実際を各方面より調査せざるべからず　故に本年は村の財産生産収入消費村公経済村民私経済、生活状態、生業、村沿革諸法、規條例、風俗、習慣、歴史、動植物、礦物、気候、風土等一切に関する事項を調査し之を基礎とし此の郷土に適する教育を施さんことを期せり　現在の西武田村は実に疲弊せり貧弱なる文化に後れたる一小村なり之を他府県に見る所の優良村とならんとするは本校の理想なり　此の理想により一面民育に従事すると共に学校教育も亦優良村の自治国民たるの資格を作らざるべからず　勿論国民教育たる点に於ては本校附属小学校に於ける方針と同様なれども地方の特質を考へ地方的色彩を帯ばしめ西武田村の自治公民を養成し優良村たらんとするの精神努力を養成せんとするなり[25]（下線引用者）

「純農村小学校」を標榜した田上小では、「自治農民を養成する」ことを目的として「村の財産生産収入消費村公経済村民私経済、生活状態、生業、村沿革諸法、規條例、風俗、習慣、歴史、動植物、礦物、気候、風土等一切に関する事項を調査し之を基礎とし此の郷土に適する教育」を実施しようとしている。「国民教育たる点に於ては本校附属小学校に於ける方針と同様」ではあるが、田上小における教育の目的は「優良村たらんとするの精神努力」の養成、すなわち「西武田村の自治公民を養成」するための教育であることを強調している。教育の郷土化・郷土調査および学校教育そのものが、農村発展・地方改良と結び付けられている。

そして、同校職員による郷土調査の成果は、『西武田村誌』（松本栄児編、田上尋常高等小学校発行、一九一五（大正四）年）として結実し、その後も田上小は「師範学校とも連携しながら、また、村長をはじめ役場との一般行政と結びついて、地域の振興活動の中心的な機能をもっていく」[26]こととなり、社会教育を行う役割も担っていくことになった。

一九一八（大正七）年には、指宿高等小学校でも「教授の郷土化、国民的普通の教育を施すは勿論にて尚之に村の公民として適切なる教育を行はんが為教材を郷土に取り実際的ならしむる事[27]」とされ、「村の公民」育成のために教育の郷土化を図ろうとしていた。

以上見てきたように、農村部の小学校では「実に疲弊せり貧弱なる文化に後れたる一小村」を優良村にすることが先決であり、そのために「村の自治公民」育成のための郷土研究・調査が重要とされた。

その背景の一つには、日露戦争以後の内務省主導の地方改良運動の存在が指摘できる。[28]例えば、前述の田上小の実施計画中の「村の財産生産収入消費村公経済村民私経済、（中略）等一切に関する事項を調査し」という記述は、地方改良運動の一環である町村是運動の影響と考えてよいであろう。

もう一つの背景としては、都市部の中産層を中心とした自由主義的思想への批判である。例えば、星川哲郎という小学校教員は「農民教育の振興（一）」という文章において、「とにかく誤られたる意義における自由平等の精神が農村疲弊の原因の一であることは疑ふべからざる事実であると私は信ずる」と自由主義的な風潮を批判し、「善良有為なる町村民が善良なる国民有為なる公民であり得ると言つた方がより実際的でありより適切であると思ふのである。故に教育の実際に当つては常にその町村の善良有為なる町村民を養成することに努力せねばならぬ」と主張している。[29]農村部の学校では、農村疲弊の原因の一つを「誤られたる意義における自由平等の精神」に求め、農村振興のためにはそれを改め、「善良有為なる町村民」の精神を涵養することが急務であるという意識が強かったのである。

農村部における教育の郷土化は、実科的教科目の設置や各教科の郷土化というカリキュラム・教授方法改善の方向性だけではなく、学校教育の目的そのものを郷土化させる方向性へと向かった。すなわち、小学校を地域振興の中心的な場と位置づけようとしていたのである。

おわりに

本稿でみたように、明治・大正期の鹿児島県において、師範学校・女子師範学校の附属小学校では低学年理科特設の動向や児童中心主義の影響を受けて、実科的内容を含む「直観教授」細目や、「合科主義的教科としての自然科」カリキュラムを構想し、その中で郷土の題材を取り上げていた。一方で農村部では都市部の自由主義的思想を批判し、地方改良運動の影響を受けて「善良有為なる町村民」の精神・「村の自治公民」育成を涵養するために教育の郷土化を図ろうとしていた。このような具体的で多様な実践の蓄積が、その後の昭和初期の郷土教育運動の基盤となっていたといえよう。

冒頭でも述べたように、師範附属小学校での取り組みは現在の学習指導要領における「教科等横断的な視点」や「合科的・関連的な指導」と、また、農村部における「村の自治公民」育成論は近年の「学校と地域の連携・協働[30]」の視点による「学校を核とした地域づくり」や「地域学校協働活動」の推進と重なるところがある。

ただし、大正・戦前昭和期の郷土教育や教科統合論、児童の主体性を重んじる教育方法は、戦時体制の進行とともに一九四一（昭和一六）年の国民学校令などを通して、皇国民錬成のための手段として用いられてしまったことも忘れてはいけない。今後の学校と郷土・地域社会との関係性がどこに向かおうとしているのかを注視する必要がある。

謝辞
小島摩文先生をはじめ、鹿児島純心女子大学の先生方にはこのような執筆の機会をいただきましたこと、深く感謝申し上げます。

〔注〕
（1）一九〇二年（明治三五）年に高等師範学校から東京高等師範学校に改称。
（2）鹿児島県師範学校附属小学校編『尋常科各教科教授細目』吉田書店、一九〇二（明治三五）年、【、二】頁。
（3）一九〇二（明治三五）年に山下義正が夏期休暇中に東京高師附小で行われた講習会に参加し、棚橋源太郎の講演を聞き、「尋常小学校に於ける実科初歩教授法」という記事を『鹿児島県私立教育会雑誌』（第一〇八号～第一一〇号、一九〇二（明治三五）年一〇月～一二月）に投稿している。山下の一九〇二（明治三五）年当時の所属は不明であるが、一九〇六（明治三九）年三月には鹿児島附小の訓導であったことが確認できるため、すでに鹿児島附小所属であった可能性もある。また、そうでなくても附小関係者が山下の記事を読んだ可能性はある。

（4）棚橋源太郎『尋常小学に於ける実科教授法』金港堂、一九〇三（明治三六）年、六八頁および【はしがき二】頁。
（5）鹿児島県以外でも、例えば長野県の松本尋常高等小学校ではすでに明治二〇年代から実科的教科目「雑科」が設置されていた（熊田禎介「松本尋常高等小学校における「雑科」の展開過程―教授内容の構成方法に着目して―」日本社会科教育学会『社会科教育研究』八六号、二〇〇一年。）。
（6）梅根悟・海老原治善・丸木正臣編『総合学習の探求』勁草書房、一九七七年、三四～三六頁。岡津守彦監修『教育課程辞典 各論編』小学館、一九八三（昭和五八）年、七四～七五頁。
（7）板倉聖宣『日本理科教育史』第一法規出版、一九六八（昭和四三）年、二七三頁。
（8）落合盛吉「自然科的取扱に就て」『鹿児島教育』一九二〇（大正九）年四月第三一八号、四四～四五頁。
（9）同右、四四～四六頁。
（10）同右、四五頁。
（11）同右、四八頁。
（12）同右、四八頁。
（13）木下竹次『学習原論』（中野光編、世界教育学選集六四）明治図書、一九七二年（初出：目黒書店、一九二三（大正一二）年）、一四五頁および二〇頁。（頁は復刻版による。）
（14）曽於郡大崎尋常高等小学校第一研究団「普通教育に於ける児童の実力養成方案」『鹿児島教育』一九一一（明治四四）年一二月第二一八号、四二頁。
（15）「附録一　教育に関する訓示指示事項」『鹿児島県初等教育事蹟』鹿児島県内務部学務課、一九一一（明治四四）年、九四八頁。『鹿児島県初等教育事蹟』には「教育に関する訓示指示事項」がいつ出されたのかという記載はないが、『鹿児島県教育概要』（鹿児島県、一九二六（大正一五）年）には

「明治四十三年就学出席の奨励、設備の完成、内容の改善等各般に亘り本県教育の方針を定めて訓示する所ありたり」（五頁）とあることから、一九一〇（明治四三）年に出されたものと考えられる。

(16)「明治四十三年度教育施設事項調（四十三年五月訓示ニ対スル）」『鹿児島教育』一九一一（明治四四）年一二月第二一八号、七八頁。

(17)一九一一（明治四四）年三月当時。鹿児島県『明治四十三年　鹿児島県統計書　第三編（学事之部）』（鹿児島県内務部、一九一二（大正元）年）参照。

(18)動物、植物、鉱物、地理、歴史の調査項目にそれぞれ二名の教員を調査委員として配置し、毎週一回、項目別に委員会を開き研究事項の整理を行っていた。「肝属郡神山尋常高等小学校郷土に関する材料研究」前掲『鹿児島県初等教育事蹟』、三八四〜三八五頁。

(19)郷土の調査項目として、農業・林業・工業・商業・漁業・郷土地理・郷土史・動物・植物・鉱物を掲げている。「日置郡伊作尋常高等小学校郷土教材研究」前掲『鹿児島県初等教育事蹟』、三八三〜三八四頁。

(20)横山常彦「普通教育に於ける児童の実力養成方案」『鹿児島教育』一九一一（明治四四）年一一月第二一七号、二六頁。

(21)同右、三四頁。地理、歴史、理科に関する直観教授法の主張は、小川荘助（高尾野尋常高等小学校）も行っている（小川荘助「普通教育に於ける児童の実力養成方案」『鹿児島教育』一九一一（明治四四）年一一月第二一七号）。

(22)前掲曽於郡大崎尋常高等小学校第一研究団「普通教育に於ける児童の実力養成方案」、四二頁。

(23)同右、四二頁。

(24)「本県各郡市大正四年度教育施設事項」『鹿児島教育』一九一五（大正四）年五月、九〇〜九五頁。

（25）同右、九六～九七頁。
（26）神田嘉延『暮らしと民主主義の大学創造―地方大学と生涯学習―』高文堂出版、二〇〇五（平成一七）年、二二一～二二二頁。
（27）「学校紹介」『鹿児島教育』一九一八（大正七）年二月、二九頁。
（28）地方改良運動が小学校に与えた影響は、笠間賢二『地方改良運動期における小学校と地域社会―「教化ノ中心」としての小学校―』（日本図書センター、二〇〇三年）に詳しい。
（29）星川哲郎「農民教育の振興（一）」『鹿児島教育』一九二五（大正一四）年六月第三八〇号、三九～四五頁。
（30）「新しい時代の教育や地方創生の実現に向けた学校と地域の連携・協働の在り方と今後の推進方策について（答申）」中央教育審議会、二〇一五（平成二七）年一二月二一日。

〔参考文献〕

萩原和孝「鹿児島県における総合的学習の原像―落合盛吉の「自然科」・兼子鎮雄の「郷土研究」を例として―」九州教育学会『九州教育学会研究紀要』第三〇巻、二〇〇二年、一五五～一六二頁。

萩原和孝「鹿児島県における郷土教育の変遷―明治・大正・昭和初期にかけて―」鹿児島大学大学院人文社会科学研究科『地域政策科学研究』第二号、二〇〇五年、一六三～一九二頁。

服部直樹・八田明夫「鹿児島県域で行われていた低学年理科について―明治期から昭和期に注目して―」日本科学教育学会『日本科学教育学会研究会研究報告』二五（二）、二〇一〇年、二一～二六頁。

第六章　市町村長による県立高校教育政策への関与の実態

栗原真孝

一　本章の目的

本章の目的は、県立高校教育政策に対して市町村長が積極的に関与することを教育ガバナンスの視点から考察することである。

鹿児島県では、児童生徒数が減少する中で二〇〇〇年代以降に県立高校の再編が本格的に行われてきており、二〇〇〇年度は七五校[1]だった全日制の県立高校は、二〇一五年度時点で六五校[2]となっている。鹿児島県では、中学校卒業者数は一九八九年三月の二八八一六人をピークに減少してきており[3]、公立高校の約半数が一学年二～三学級の小規模校となり[4]、現在も再編の動きが続いている。

高校の存廃は、高校が所在する市町村では地域づくりを進めていく上で極めて大きな問題であり、二〇一〇年頃から市町村長による県立高校政策への関与が活発化してきた。高校再編に反対する活動を展開したり、地元の高校を財政的に支援したりする市町村長が出てきている。例えば、地元に小規模の県立高校が所在する市町村長でつくる「高校再編関係市町村長かごしま県連絡会」（二〇〇四年発足）では、高校再編問題は市町村合併と並ぶ最重要課題と位置づけ[5]、鹿児島県教育委員会に対して県立高校の存続に向けた積極的な要請活動を展開している。また伊佐市では、二〇一四年度から県立大口高校に対して、国公立大学や難関私立大学の合格者に奨励金を支給するとともに、予備校による特別講義の実施を財政的に支援している。

全国に目を転じると、二〇一四年六月、地方教育行政の組織及び運営に関する法律が改正され、二〇一五年四月から新しい教育委員会制度が始まった。総合教育会議が各自治体で設置されるようになり、教育政策への首長の関与が強まると考えられる。新制度の開始以前からも、一部の首長が積極的に教育政策に関与しており、こうした動きを分析した研究も行われている。その一方で、高校再編などの県立高校政策に対して、市町村長がどのような関与をしているかについては、部分的に取り上げられる研究は島根県海士町の事例[6]などがあるものの、本章のように中心的に取り上げられる研究は管見の限りでは行われていない。

こうした中で本章が取り上げる事例は、「守備範囲」ではない県立高校政策に対して、市町村長が積極的に関与するという事例である。地元の県立高校の存廃をめぐる首長の動きを中心に追うことで、どのような教育ガバナンスが形成されているかを分析する。まず鹿児島県の高校再編の動きを整理する。次に、高校再編が進む中で自治体を取り上げた事例分析をするとともに、「高校再編関係市町村長かごしま県連絡会」の動きを分析する。事例としては、伊佐市、湧水町、肝付町の三つの自治体を取り上げる。最後に、市町村長が県立高校教育政策に積極的に関与することを教育ガバナンスの視点から考察する。

二　鹿児島県における高校再編の動き

鹿児島県の高校再編の動きを概観すると、児童生徒数が減少する中で、二〇〇〇年代以降に県立高校の再編の動きが本格化していく。県教育委員会は二〇〇一年五月、「鹿児島県公立高等学校改革推進協議会」を設置し、新しい時代の要請に応える高等学校改革を進めるための検討を行った。同協議会は二〇〇三年二月に最終報告を出し、これを受けて県教育委員会は二〇〇三年一〇月、高校再編基本計画である「かごしま活力ある高校づくり計画」を発表した。同計画では、少子化の中で一学年三学級以下の小規模校は近くに所在する別の学校と統合することで、二〇一〇年度までに公立高校を六五校程度まで減らすことが目指された。

二〇〇四年度は、宮之城高校（当時宮之城町、現さつま町）と宮之城農業高校（当時宮之城町、現さつま町）が再編の対象となり、二校が統合し宮之城農業高校の場所に、二〇〇五年四月に薩摩中央高校が新設された。また、長島高校（長島町）、阿久根農業高校（阿久根市）、阿久根高校（阿久根市）が再編の対象となり、三校が統合し阿久根農業高校の場所に、二〇〇五年四月に鶴翔高校が新設された。

二〇〇五年度は、種子島高校（西之表市）と種子島実業高校（西之表市）が再編の対象となり、二校が統合し種子島実業の場所に二〇〇六年四月に種子島高校が新設された。また、徳之島高校（徳之島町）と徳之島農業高校（伊仙町）が再編の対象となり、二校が統合し徳之島高校の場所に二〇〇六年四月、普通科と総合学科を併置する徳之島高校が新設された。

二〇〇六年度は、樋脇高校（薩摩川内市）と入来商業（薩摩川内市）が再編の対象となり、二校が統合し入来商業の場所に二〇〇七年四月に川薩清修館高校が新設された。

二〇〇七年度は、牧園高校（霧島市）と栗野工業高校（湧水町）が再編の対象となった。両校は二〇〇六年度に再編の対象になる可能性があったものの、一年先送りされた。最終的には二校が統合し、二〇〇八年四月に牧園高校の場所に霧島高校が新設された。また、中種子高校（中種子町）と南種子高校（南種子町）が再編の対象となり、二校が統合し中種子高校の場所に、二〇〇八年四月に種子島中央高校が新設された。

二〇〇九年度は、鹿児島市に所在した甲陵高校と鹿児島西高校が再編の対象となり、二校が統合し甲陵高校の場所に二〇一〇年四月に明桜館高校が新設された。また、奄美高校と大島工業高校が再編の対象となり、大島工業高校が奄美高校に統合された上で、二〇一〇年四月、奄美高校に新たに工業科が設置された。こうした「かごしま活力ある高校づくり計画」に基づく高校再編の結果、一八校が閉校となり、八校が新設された。

また、鹿児島県の東側に位置する大隅地域の一三の公立高校（市立高校一校含む）については、県教育委員会が二〇一一年六月に「大隅地域の公立高校の在り方検討委員会」を設置し、地域振興の視点からも検討がなされた。同委員会は二〇一二年三月に「大隅地域の公立高校の在り方について」を答申した。この答申に基づき、有明高校（大崎町）は串良商業高校（鹿屋市）に統合され、二〇一五年三月に閉校となった。また財部高校、末吉高校、岩川高校（いずれも曽於市）の三校は統合され、二〇一四年四月に曽於高校が新設された。三校は二〇一六年三月に閉校された。その一方で肝付町では、二〇一五年四月に全寮制男子校の楠隼中高一貫校が開校されるとともに、高山高校は二〇一六年三月に閉校された。「大隅地域の公立高校の在り方について」に基づく高校再編では、五校が閉校、二校が新設された。

こうした高校再編の動きに対して、地元に県立高校が所在する市町村長は、「高校再編関係市町村長かごしま県連絡会」をつくって連携したり、地元の高校の存続のために自治体内で政策を講じたりしてきた。

三　事例分析

(一) 伊佐市

ア　伊佐市の概要

伊佐市は鹿児島県の北部に位置しており、二〇〇八年一一月、旧大口市と旧菱刈町が合併し誕生した自治体である。同市には、県立大口高校と県立伊佐農林高校が所在している。

伊佐市長の隈元新氏は、旧大口市議会議員を経て、一九九六年一月から旧大口市の市長に就任し、二〇〇八年一一月から伊佐市長を務めている。また、隈元市長は、二〇〇四年に発足した「高校再編関係市町村長かごしま県連絡会」の会長を務めている。これまでに市長は、地元の県立高校政策に積極的に関わってきた。例えば、魅力ある高校づくりを推進し、生徒数の増加および維持を目指し、伊佐市内の高校が取り組む魅力ある高校づくりを財政的に支援するために、「魅力ある高校づくり補助事業」を二〇一一年度から実施している。また、かごしま県連絡会を通して、鹿児島県知事および県教育委員会に対して、高校再編に関する要請行動を実施している。このように地元の県立高校政策だけではなく、鹿児島県の県立高校再編に積極的に関与している。

イ　協議会の発足

県立高校政策への隈元市長の関与方法は、「要請行動」や使途を定めない「財政支援」が中心であった。ところが、二〇一三年一一月、「地域でつくる県立高等学校伊佐市検討会議」(会長：伊佐市長)を発足させた。ねらいは、伊佐市として地元の県立高校(大口高校、伊佐農林高校)の今後のあり方を検討することである。検討会議のメンバーは、伊佐市の行政、教育委員会、議員、小中学校PTA代表、市関係者の他に、高校の同窓会会長、PTA代表が入っている。このように、地元の県立高校の今後のあり方を伊佐市として検討するという段階まで発展してきている。市として独自に検討し始めたきっかけは、どのようなことだったのだろうか。検討会議の設立総会に置いて、隈元市長は以下のように述べている。

高校の再編(統廃合)は一〇年前は県教育委員会が小規模校を中心に主導的な立場で再編を進めてきましたが、段々と地元の実情にそぐわなくなり、最近では、地域に任せて地域で高校のあるべき姿を考えて欲しいといった方向に変わってきています。大隅地区の再編がそのようになっています。この『県教委主導から地域提案型』への流れをより確かなものにするためにも、伊佐市の二つの高校をどういう形で今後活性化させていくか、存続あるいは再編（統廃合）を含めて皆さま方と考え、ある程度の結論を出しておかなければならないと考えております。[7]

このように検討会議の設置は、県立高校再編に対する県教育委員会の姿勢が変化する中で、県立高校のあり方を地元から提案しようとする取り組みであることがわかる。

ところが、二〇一四年、県教育委員会が隈元市長を訪問するということがあった。この際に、大口高校のその時点の定員一二〇名から八〇名への変更を検討中であるという話が県教育委員会から出てきた。しかしながら、隈元市長は定員一二〇名の三学級にこだわった。[8] 検討会議の発足の際は二つの県立高校を統合する可能性も含めて議論が始まったものの、二〇一四年の県教育委員会の訪問を機に、二つの県立高校を維持させることを前提にして議論が進められることになった。なお、大口高校には二〇一九年度は三学年で七クラスが設置されている。[9]

ウ　県立大口高校への財政支援

二〇一四年の県教委の訪問を機に隈元市長は、地元の県立大口高校への財政支援を発展させた。二〇一四年一一月の臨時市議会では、「平成二六年度一般会計補正予算案」の中に大口高校活性化基金創設費五〇〇〇万円が計上された。議会

表　伊佐市に所在する県立高校の生徒数

年度	2012	2013	2014	2015	2016	2017	2018	2019
大口高校	331	309	267	223	211	225	242	221
伊佐農林高校	204	172	175	173	182	185	178	158

出所：『鹿児島県の教育行政』（平成24年度～令和元年度）をもとに筆者作成。

では一部から反対があったものの、賛成多数で可決された。この結果、二〇一四年度から五年間、県立大口高校に対して、国公立大学や難関私立大学の合格者に奨励金を支給するとともに、予備校による特別講義の実施を財政的に支援することが決まった。なお、大学進学奨励金については、二〇一四年度は一八人の生徒に対して五四〇万円の奨励金を交付した(10)。

こうした大口高校への支援策に対しては、外部から批判が生じた。批判に対して、市長は次のように述べている。

教育論的には評論家の主張にも一定の理解はできますが、過疎に悩む地方の実情をどこまで御存じなのだろうか、と思うことでした。保育料の助成や予防ワクチン、高齢者へのタクシーチケット助成等々……老若男女を問わず地方自治体が独自に実施している施策がいくつもあります。高校生が地元にいなくなれば、書店やスポーツ店、飲食店やスーパーなどの疲弊や地域コミュニティ活動などにも影響していきます。市民の皆様に聞いても概ね理解していただいていますし、経済的負担が大きい大学進学なので親孝行になると思う生徒もいました。今回の施策で、地元に関係ない人が論評する現代ネット社会の影響の大きさや怖さを感じました。地方は、自らの力で疲弊していく町を蘇生させなければなりません。高校生は素直です。私と議長が直接語りかけたことに素直に反応してくれました。「母校をなんとかしなければ」と、大口高校の良さを後輩にPRすることに気づいてくれました。ここ数年、市外の私立・公立の進学校（クラス）に、成績上位者の六〜八割の生徒が入学しているような状態です。この雰囲気は、生徒や保護者がまるで磁石に引きつけられているようなものです。これを私は「磁場力」と思ったのです。この状況をなんとかして、成績上位者の多くが大口高校へ入学するようにしなければならないと強く思ったのです。思い切った施策は、時に批判の的となります。何もしなければ座して消滅を待つばかりです。批判は謙虚に受け止め、今後の改善点とします。大口高校の危機感を高校だけの問題とせず、小・中学校の保護者や先生はもちろんのこと、全市民の危機感として共有することが大事です。すでに明光学園の寮費やスクールバス支援、伊佐農林高等学校の同窓会が所有していた七ヘクタールの土地購入（同窓会は教育資金として活用）など、地元の高校の活性化のために適時適所の施策を行っています。伊佐の子どもたちは、高校卒業までは〝ふるさと伊佐〟で暮らし、ルーツを大切にする日本人・国際人になってほしいと願っています[11]。

このように隈元市長は、大口高校への財政支援は、伊佐市に高校生を留めるための政策である考えていることがわかる。

エ　首長の関与の是非

隈元市長は地元の県立高校政策に関与することは、地域の活性化のためと考えていると捉えられる。その一方で、県立高校に対して、法的な権限を持っていない市町村長が関与することについては、どのように考えているのだろうか。二〇一四年一一月の臨時市議会において、「守備範囲」ではない県立高校政策に関与することの是非について尋ねられ、伊佐市長は以下のように答弁している。

私は実は、平成一六年から、高校再編関係の市町村長連絡の首長会（引用者注：高校再編関係市町村長かごしま県連絡会）の会長を一一年間やらせてもらっております。その中で、県教育委員会の県立高校の再編についてのあらゆる経緯というのを、私以上に知っている首長はいないというふうに自負しております。そういう中で、私が最近の鹿児島県教育委員会の傾向として思いますのは、各地域に自分たちの高校を考えてほしいということを要請しております。その一番の例が大隅地区の今回の再編でありました。楠隼（引用者注：楠隼中高一貫教育校）ができ、あるいは、もう廃校にする学校が出、あるいは統廃合が出、いろんな形がありまして、今、垂水は単独で残っているというような状況であります。そういう中で、県教育委員会が私どもにおっしゃるのは、地域で考えてくださいと。地域で考えるということは、私たちは大口高校と伊佐農林を自分たちのこととして考えなければいけないというふうに理解するわけであります。それで、私どもは、地域でつくる県立高等学校伊佐市検討会議というのも昨年一二月から開かせてもらっております。その中でも、今回のこのこと（引用者注：大口高校活性化基金の創設）は御相談申し上げ、了承いただいております。そういう中から考えた場合に、今回の大口高校を市が支援するということは、理論上も、また政策上も間違っていないというふうに考えております。(12)

このように、隈元市長は、県教育委員会が県立高校が所在する市町村に対して、地元の高校のあり方を検討するよう促しており、そのための伊佐市としての検討会議を設置し、その中で大口高校への財政支援は支持されているため、正当化されるというように考えていることがわかる。

(二) 湧水町

湧水町は鹿児島県の北部に位置し、二〇〇五年三月、旧吉松町と旧栗野町が合併し誕生した自治体である。湧水町には、かつて県立栗野工業高校が所在し、二〇一〇年三月に閉校した。

閉校までの経緯を見ると、湧水町では市町村合併前の栗野町時代の一九九五年、当時の米満町長の意向をもとに「栗野工業高等学校振興対策協議会」を発足させ、近隣の中学校を訪問するなどして、生徒確保に取り組んできた[13]。また、一九九八年度の栗野工業高校創立五〇周年記念の際に、当時の栗野町の町長として、米満町長は「町としましても県立高校という考え方ではなくて、本町にある栗野の高校としての取り組みをしていきたい[14]」と述べており、湧水町は旧栗野町の時代から栗野工業高校を支援していた。具体的には通学費補助などを実施してきた。

こうした中で県教育委員会は二〇〇五年八月、栗野工業高校(湧水町)と牧園高校(当時牧園町、現霧島市)を統合し新設校を設置する案を示した。これを受けて、二〇〇五年一〇月、湧水町では「栗野工業高校再編対策拡大協議会」が設置された。同協議会には湧水町関係者だけではなく、近隣自治体の首長である大口市長、菱刈町長、えびの市長(宮崎県)も参加した。検討の結果、栗野工業高校協議会は、「霧島学びの森」構想を作成し、二〇〇五年末に県教育委員会に提示した。湧水町としては、新設校を栗野工業高校の跡地に設置すること、もしそれが困難な場合は工業学科を設置すること、さらには栗野工業高校の施設を活用することの三点を主に考えていた[15]。

その一方で、牧園町では、「牧園高校再編整備・誘致促進協議会」を発足させ、二〇〇五年一〇月に「牧園高校再編整備に関する要望書」を県教育委員会に提出した[16]。続いて、二〇〇五年一一月の合併で誕生した霧島市では、「県立牧園高校再編整備霧島市対策協議会」を発足させた。

それでは、湧水町と牧園町・霧島市のあいだでは、どのような話し合いが行われたのだろうか。二〇〇六年一月一四日、牧園高校協議会と栗野工業高校協議会が合同協議会を開催し、協議を開始した。ところが、二〇〇六年一月二八日、県教育委員会は新設高校の設置場所を牧園高校とし、一学年四学級で総合学科の高校を新設、栗野工業の実習施設は活用する案を、牧園高校協議会と栗野工業高校協議会に示した。これに対して、栗野工業高校協議会は反対し、県教育委員会の案の撤回を要求した。

最終的には二〇〇六年三月、県教育委員会は栗野工業高校と牧園高校の再編計画の一年先送りを決定した。当時の米満町長は二〇〇六年四月の施政方針のなかで県教育委員会のやり方に対して、次のように述べている。

（引用者注：県教育委員会は）栗野工業高校、牧園高校の両地区における合同協議会を開会するよう要請をし、両地区はこの要請を受けて第一回目の合同協議会を、一月一四日に行いました。第一回目の合同協議会では、再編される新高校の学年別学級数を一学年四学級とする事項について合意がなされ、次回どのような内容の学科とするかを、協議検討することを確認し合い、次回の合同協議会を一月二四日に湧水町で開会することを決定し、会を閉じました。しかし、県教育委員会は……次回（引用者注：一月二四日）の協議会を前に一月二〇日、突然、再編されて設置される高校の位置（引用者注：牧園高校跡地）を口頭で通知してきました。……第二回の合同協議会を待たず、なぜ、最後に合同協議会が検討協議する位置の問題を県教育委員会の決定事項的態度で通知したのか、全く理解に苦しみます。[17]

その後、二〇〇六年一一月から二〇〇七年一月までに、霧島市と湧水町による合同協議会は四回開催されたものの、「一学年四学級」以外は合意を見出すことができなかった。こうした中で、高校再編関係市町村長かごしま県連絡会によれば、二〇〇七年二月、県教育委員会の担当者が霧島市と湧水町を訪問し、それぞれの首長に対して県教育委員会会議で決定予定の県教委案「一学年四学級、工業科・総合学科の設置、牧園高校に新設校の設置」を通告したため、湧水町では二時間余りの押し問答が続いたという。[18] 県教育委員会は二〇〇七年二月中旬、栗野工業高校と牧園高校を統廃合し、二〇〇八年四月に牧園高校の場所に新設校を設置することを決定した。栗野工業高校の閉校が決まった直後に、当時の町長は湧水町議会で以下のように述べている。

県との協議を進めてきました栗野工業高校の再編につきましては、皆様もご承知のとおり、再編される新設校の立地する場所が牧園高校跡地（引用者注：霧島市）と決まりました。結果

としては、当初、県が示した内容がすべて変わることなく、無駄な時間を浪費した感がありま す。(19)

湧水町の事例では、町長が地元の県立高校を存続させるために積極的に動いたものの、閉校という結果となった。その一方で、湧水町と霧島市が新設校のあり方を議論する中で、湧水町が希望した案のひとつである工業科が新設校に設置されたことは、湧水町の意向が一部反映された結果と考えられる。

(三) 肝付町

肝付町は、二〇〇五年七月、旧高山町と旧内之浦町が合併し誕生した自治体である。同町には二〇一五年度まで県立高山高校が所在していた。現在は県立楠隼中高一貫教育校(三〇人学級)が所在している。町長の永野和行氏は二〇〇九年七月から町長を務めている。

鹿児島県の東側に位置する大隅地域の一三の公立高校(市立高校一校含む)については、県教育委員会が二〇一一年六月に「大隅地域の公立高校の在り方検討委員会」を設置し、地域振興の視点からも検討がなされた。肝付町に所在した高山高校も、検討対象となっていた。検討委員会は二〇一二年三月に「大隅地域の公立高校の在り方について」を答申し、この答申に基づき、肝付町では、二〇一五年四月に全寮制男子校の楠隼中高一貫校が開校されるとともに、高山高校は二〇一六年三月に閉校された。

ここまでにいたる経緯を見ると、「大隅地域の公立高校の在り方検討委員会」では、まず各地域で地元の高校のあり方を検討し、次に検討内容を検討委員会に持ち寄って検討する方式をとった。また、検討委員会の委員は、学識経験者、私学代表者、経済・産業関係者、保護者、行政関係者の三〇名から構成されており、永野町長も委員として参加していた。肝付町の高山高校については、肝付町のなかで設置された、高山高校地区活性化委員会において、当初は単位制高校案で検討が進められていた。しかしながら、二〇一二年一月二三日の同委員会で併設型中高一貫校案に変更された。永野町長は地元で検討した結果を第五回大隅地域の公立高校の在り方検討委員会で次のように報告している。

「この地域の歴史と伝統を持っている高山高校を残したい」という同窓会や卒業生の声、そして、地域振興ということで、私自身もありとあらゆる意見をお聞きしながら、胃の痛くなる思いがしている。本当にどうしたらいいのか、少子高齢化が続く中でどの案でどうすればいいのかということで、ここにいらっしゃる委員の皆さん同じことを思っていると思う。このままで手をこまねいていてはということで、地元の検討会（引用者注：高山高校地区活性化委員会）でも議論を遅くまでやってきた。いろいろなデータを整理しながら、単位制についても、様々なケースについて議論したが、最終的にまとまったのが中高一貫教育校である。文部科学省では一〇年前に、全国に五〇〇校の中高一貫教育校をつくるという話があり、そして平成二三年七月現在で四〇〇校という報告が載っており、それらも読ませていただいた。そういう中で、もうこれしかないのかなというところまで行き着いた。そして、一月二三日に地区検討会（引用者注：高山高校地区活性化委員会）で検討を行ったということである。もうこれ以上の選択肢はないと思っている。[20]

こうした肝付町の意向を踏まえて、大隅地域の公立高校の在り方検討委員会の報告書では、肝付地区（高山高校）の今後の方向性については次のようにまとめられた。「今後の地区内の生徒減少を考慮すると、一定の生徒数を確保することは難しいと予想されるので、六年間の計画的・継続的な教育が行える併設型中高一貫教育を導入し、中学校の段階から県内外の生徒を集めて、魅力ある高校づくりに取り組むべきである[21]」。

この報告書を受けて、県教育委員会では二〇一三年二月の教育委員会会議において、併設型中高一貫教育校の開校および高山高校の募集停止について、検討がなされ決定となった。教育委員会会議のなかで、高山高校の場所に中高一貫校を設置する理由を尋ねられた際に、当時の高校教育課長は「なぜ高山なのかということについては、『大隅地域の公立高校の在り方検討委員会』のとりまとめに基づき決めた[22]」と回答しており、中高一貫校の導入は、検討委員会の議論が尊重された結果であることがわかる。

二〇一五年四月、県立楠隼中高一貫教育校が開校し、中学六〇人（県外二八人）、高校三七人（県外九人）が入学した。楠隼中高一貫教育校に対して、肝付町は財政支援をしている。

なお、地元に小規模の県立高校が所在する市町村長でつくる「高校再編関係市町村長かごしま県連絡会」は、二〇一四年六月、県教育委員会の教育長に対して、楠隼中高並みの高校振興活性化策として、①三〇人学級の導入、②教室への空調整備、③教職員の加配、④寮の整備・下宿代補助等を、小規模高校にも順次措置するよう要請した[23]。

四　考察

本章で取り上げた事例については、伊佐市の場合は県立高校が存続している事例であり、湧水町の場合は県立高校が閉校になった事例であり、肝付町の場合は県立高校が閉校し、県立中高一貫教育校が新設された事例である。これらの事例分析を踏まえると、県立高校政策に対して市町村長が積極的に関与することは、教育ガバナンスの視点から考えた場合、どのように捉えられるのだろうか。

まず、県立高校政策に対して市町村長が積極的に関与することで、どのようなことがもたらされているかを考える。小松茂久によれば、「ガバメントではなくガバナンスを用いることの含意は、従来からの国、中央官庁、自治体などのガバメントと呼ばれる組織や機構を中心に政治や行政を考えるのではなく、より範囲を広げて、これらの伝統的なガバメントに関連し、作用している多様な存在、具体的には、企業やNPO（民間非営利部門）、NGO（非政府組織）、住民などをも含め、それらとのかかわりのなかで政治・行政を考えることである」[24]。その上で小松は、「討議の場の形成、維持、発展こそ教育ガバナンスの目的となる」[25]と論じている。

本章の文脈では、県立高校の法制上の権限を持っているのは県および県教育委員会である。こうした中で県立高校の政策形成に対して、権限を持っていない市町村長が関与することで、地元のアクターを組み込み、地元の意見が一定程度反映されるとともに、「政策形成の多元化」をもたらせている。例えば伊佐市の事例で考えると、市長が地元の県立高校政策に積極的に関わった結果、「地域でつくる県立高等学校伊佐市検討会議」を発足させ、地元の県立高校二校のあり方を市として検討することが始まっている。同検討会議の中で大口高校への財政支援策も了承を得て政策化されている。こうした動きは、権限を持っている県教育委員会とは別に、県立高校が所在する市町村が県立高校の今後のあり方を独自に提案していく動きと捉えられるだろう。湧水町の事例については、地元の県立栗野工業高校の存続のために町長が様々な支援をしたものの、最終的には閉校という結果になった。しかしながら、隣接する自治体に新設された県立高校に当初は予定されていなかった工業科が設置されたことは、様々な協議を経て湧水町としての意向が一部反映された結果と捉えられる。肝付町については、町長は町内での様々な議論の結果、中高一貫校案を取りまとめ、県教育委員会会議を経て中高一貫校の新設へとつながった。

では次に、県立高校政策に対して市町村長が積極的に関与することで、高校を存続させることができるかを考える。本稿の事例を見るかぎりでは、必ずしも高校を存続させることができるわけではない。湧水町では町長が様々な方法で地元の県立栗野工業高校を支援し、再編の対象になった際も、県教育委員会や県立牧園高校が所在する霧島市と議論を重ねた。このように湧水町長は積極的に関与したものの、最終的には地元の栗野工業高校は閉校となった。また、伊佐市の事例についても、大口高校への財政支援などを実施しているものの、大口高校の生徒数が将来的に増加するとは必ずしも言えないだろう。その一方で、肝付町の事例については、肝付町の中高一貫校の設置という提案が県教育委員会に受け入れられ二〇一五年四月に楠隼中高一貫教育校の設置という結果に結びついた。鹿児島県の事例の中では肝付町の事例は例外的に捉えた方がよいだろう。こうしたことを踏まえると、県立高校政策への市町村長の関与には限界があるのも事実である。

本稿の事例は、市町村長の関与には限界もあるものの、県立高校の存廃という教育政策の形成に対して市町村長が関与することで、法的権限を持っている県および県教育委員会だけではなく、権限を持っていない市町村レベルの関係者の関与も可能にし、「政策形成の多元化」をもたらせるとともに、地元の意向を一定程度反映させていることを示している。

〔注〕

(1) 鹿児島県教育委員会『平成一二年度鹿児島県の教育行政』二〇〇〇年、六二頁。
(2) 鹿児島県教育委員会『平成二七年度鹿児島県の教育行政』二〇一五年、一四二頁。
(3) 鹿児島県教育委員会『かごしま活力ある高校づくり計画』二〇〇三年、二頁。
(4) 鹿児島県教育委員会『鹿児島県教育振興基本計画　夢や希望を実現し未来を担う鹿児島の人づくり—あしたをひらく心豊かでたくましい人づくり—』二〇一九年、一一頁。
(5) 高校再編関係市町村長かごしま県連絡会編『どうする高校再編』第一集、二〇〇四年、一六頁。

(6)山内道雄・岩本悠・田中輝美『未来を変えた島の学校―隠岐島前発ふるさと再興への挑戦』岩波書店、二〇一五年。
(7)高校再編関係市町村長かごしま県連絡会『どうする高校再編』第一〇集、二〇一四年、五頁。
(8)伊佐市企画調整課へのインタビュー調査(二〇一五年八月七日)。
(9)鹿児島県教育委員会編『令和元年度 鹿児島県の教育行政』二〇一九年、一五四頁。
(10)第三回地域でつくる県立高等学校伊佐市検討会議での配付資料(二〇一五年八月一〇日開催)
(11)伊佐市ホームページ(「市長の部屋」二〇一四年一一月一日)
http://www.city.isa.kagoshima.jp/mayor/2014/post_817.html(二〇一五年九月二九日閲覧)
(12)伊佐市議会「第二回伊佐市議会 臨時会一日目会議録(平成二六年一一月一二日)」
(http://www.city.isa.kagoshima.jp/gikai/pdf/kaigiroku/h26_rinji02_01.pdf 二〇一五年九月三日閲覧)
(13)湧水町企画課へのインタビュー調査(二〇一五年八月二七日)。
(14)創立五〇周年記念事業実行委員会記念誌係『鹿児島県立栗野工業高等学校創立五〇周年記念誌』一九九九年、一三頁。
(15)湧水町企画課へのインタビュー調査(二〇一五年八月二七日)。
(16)『広報きりしま』二〇〇六年八月号、三頁。
(17)『広報ゆうすい』二〇〇六年四月号、七頁。
(18)高校再編関係市町村長かごしま県連絡会編『どうする高校再編』第五集、二〇〇八年、六二頁。
(19)『広報ゆうすい』二〇〇七年四月号、七頁。
(20)鹿児島県教育委員会高校教育課「第五回大隅地域の公立高校の在り方検討委員会会議録」(二〇一二

年一月三〇日）
（https://www.pref.kagoshima.jp/ba05/kyoiku-bunka/school/koukou/saihen/oosumi_kentouiinkai/documents/24437_20120326144649-1.pdf　二〇一五年八月二九日閲覧）

（21）大隅地域の公立高校の在り方検討委員会『大隅地域の公立高校の在り方について』二〇一二年、三頁。
（https://www.pref.kagoshima.jp/ba05/kyoiku-bunka/school/koukou/saihen/oosumi_kentouiinkai/documents/24303_20120325120701-1.pdf　二〇一五年八月二九日閲覧）

（22）鹿児島県教育委員会「平成二四年度第三回教育委員会臨時会会議録」（二〇一三年二月五日）
https://www.pref.kagoshima.jp/ba01/kyoiku/kyo_iinnkai_annai/kyoi_kaigi/documents/24734_20130218151653-1.pdf（二〇一五年九月二〇日閲覧）

（23）高校再編関係市町村長かごしま県連絡会編『どうする高校再編』第一集、二〇一五年、三頁。

（24）小松茂久「教育ネットワーク支援のための教育行政システムの構築」『日本教育行政学会年報』第三〇号、二〇〇四年、四頁。

（25）小松、同上論文、七頁。

【付記】本章は、『国際人間学部紀要』（第二二号、二〇一六年）に掲載された論文「市町村長による県立高校教育政策への関与の実態」（科研費研究「政治主導教育改革のもたらす教育政策の特質に関する日米比較研究」（研究代表者：小松茂久）による研究成果の一部）に、加筆修正をしたものである。

第七章　米軍統治下における徳之島の教育委員会制度の現代への示唆

栗原真孝

一　米軍統治下の奄美群島と徳之島

鹿児島県には二六の有人離島が所在している。この中のひとつである徳之島に所在する徳之島町を取り上げると、一九五八（昭和三三）年四月、東天城村と亀津町が合併し、徳之島町が誕生した。一九六〇年の国勢調査では人口は一万九八〇四人であったものの、二〇一五年の国勢調査では一万一一六〇人となっている(1)。

終戦後の奄美群島では、一九五二年、日本本土に導入された制度とは異なる、教育委員会制度が導入された。奄美群島に導入された制度は、アメリカの教育委員会制度に似たものであったと言える。本章では、徳之島町の基盤となった東天城町および亀津町（以下、徳之島二町村という）を事例とした教育委員会制度の歴史的分析をすることで、同制度が現代の教育委員会制度を考える上で、どのような示唆を含んでいるのかを考察する。

奄美群島の歴史を振り返ると、一九四六（昭和二一）年二月、奄美群島は日本本土から行政的に分離され、米軍政下におかれることが発表された。同年三月、当時の名瀬町に米国海軍軍政府が開庁された（同年六月、海軍から陸軍へと軍政が移譲された）。「奄美群島を統轄した軍政官は、沖縄の軍政本部より任命された[2]」。一九四六年一〇月、「『大島支庁』の名称を変更して、『臨時北部南西諸島政庁』と呼称することとなり、同時に支庁長は知事、次長を副知事と称することとなった。ここに久しく郡民が呼びなれていた『大島支庁』の名称は廃され、鹿児島県の出先機関ではなくなり、また奄美全島における政治機能および活動は知事の行政権内におかれた[3]」。当時の奄美群島は「行政上ではあたかも一国の形体を整えたのであったが、自治権は与えられず、知事は監督機関である軍政府の政策命令に従い、政庁は軍政命令によってその政策を代行する機関にしかすぎなかった[4]」。当時、沖縄本島、奄美群島、宮古群島、八重山群島は米軍によって別々に統治されていた。

一九五〇年六月、「朝鮮戦争が勃発して、沖縄はますます軍事的重要性をおびるに至った。マッカーサー元帥は、日本に対して警察予備の設置を指令した。そして終戦五周年記念日に、共産主義の脅威に備えて、日本はその防衛について真剣に考慮を加える必要があることを警告した。同年一一月対日講和に関する七原則が発表されたが、その第三原則として、琉球・小笠原諸島は米国の信託統治におくことがあげられていた。そして一九五〇年末には琉球列島米民政府が新設され、極東軍総司令官を長官とし、琉球管区の司令官を副長官として、軍政府の仕事はすべて新設の民政府へ移管された[5]」。

一九五一年四月、米国民政府は琉球列島に臨時中央政府を設置した。これにより、奄美群島を含む四つの群島政府はその機能を臨時中央政府に移していき、一九五二年四月、琉球中央政府が発足し、沖縄本島、奄美群島、宮古群島、八重山群島のすべてを統治するようになった。ただし、琉球政府は、琉球列島米国民政府の管轄下にあった。

一九五二年、トカラ列島（口之島～宝島）が本土復帰を果たし、一九五三（昭和二八）年一二月、奄美群島が本土復帰を果たした。徳之島を含む奄美群島が沖縄本島、宮古群島、八重山群島とともに琉球政府に組み込まれたのは、八年間の米軍統治下のうち、終わりの二年間である。この間に琉球教育法（後述）が制定され、日本本土とは異なる教育委員会制度が導入された。本章での主な検討対象は、琉球教育法に基づく教育委員会制度である。

二　徳之島三町村の教育委員会制度

太平洋戦争終結後、徳之島三町村の教育はどのような状況だったのだろうか。太平洋戦争終戦前の教育状況について、『徳之島町誌』には以下のように記されている。

徳之島四ヶ町村では昭和一九年一〇月第一回空襲をはじめ、二〇年一月の大空襲で、学校は自然閉校となり、校長以下職員が校舎の監視を続ける程度であった。空襲で焼失した校舎や枕崎台風で、四ヶ町村の校舎はほとんど全部倒潰、学童は疎開小屋を転々しているうち教科書はなくなり、学校は教科書、教具、教材、参考書を全部焼失、あるいは台風で水びだしになったり、疎開先の防空壕でしめって全部腐朽、終戦の年九月、学校再開はしたものの、丸はだかの再開であった。教師も学童も父兄も跡かたづけをして、藁ふき掘立小屋をつくって、うす暗い部屋で不足だらけの教育がはじめられた。先生方はそれにも屈せず、本土の教育の動きを見守りつつ、食糧難と戦いながら、創意工夫を続け、教育再建に立ち上がった。(徳之島町誌編纂委員会編『徳之島町誌』一九七〇年、二二八－二二九頁)

当時の徳之島二町村では一九四八(昭和二三)年四月、六・三・三制を導入し、小学校と中学校を義務教育とし、高等学校を自由進学とした。亀津町では、尾母、亀津、亀徳の三小学校区域をもって亀津町立第一中学校、神之嶺小学校区域と下久志分校区域をもって第二中学校とした。東天城村では、母間小学校区域を村立母間中学校、花徳小学校区域を花徳中学校、山小学校区域を山中学校、手々小学校区域を山中学校分校とした。

終戦後の奄美群島では、一九五一年までは一般行政の中で教育行政活動が実施されてきた。一九五二年、琉球中央政府が発足し、教育委員会制度が導入されてから、一般行政から独立した教育行政が誕生することとなる。こうした中で、徳之島二町村ではどのような教育委員会制度が導入されたのだろうか。『徳之島町誌』には以下のように記されている。

昭和二七年四月一日から、教育委員会制度が全琉球に布告された。委員と会計係を住民の公選とし、村長は職務上当然委員とし、婦人委員一名を委員会は推薦するという制度であった。公選する委員は三名と会計係一名の四名である。公選の結果、最高得票者の任期を四年、次の得票者を三年、次のものを二年とし、これらの委員会は任期一年の女子を推薦するのであった。五月一二日いっせいに公選した。（徳之島町誌編纂委員会編『徳之島町誌』一九七〇年、二三〇頁）

教育委員会制度は琉球教育法に基づいて導入された。琉球教育法とは、一九五二（昭和二七）年、琉球列島米国民政府布令第六六号として制定され、特徴は、第一に、琉球政府内の全市町村に公選による教育委員会を設置し、予算権と人事権を付与したことである。第二に、公選の教育委員以外に、有識委員として市町村長が教育委員に入っていたことである。第三に、教育行政の基礎単位として、市町村と同一の区域の教育区を設定したことである。例えば徳之島二町村では、東天城町に東天城区教育委員会、亀津町に亀津区教育委員会が設置された。さらに徳之島の「四ヶ町村で徳之島地区教育委員会を亀津に設置、委員長一人、地区教育長を選出して、教育人事、指導に当らせ[6]」る形をとった。第四に、教育区において教育税を徴収し、それを教育財政の基盤にしたことである。教育税は日本本土では導入されたことがない制度であった。同税の導入のねらいは、教育行政が一般行政に左右されにくくすることにあったと考えられる。

琉球教育法に基づく教育税の仕組みについては、嘉納英明によれば、「市町村と同一の区域であり法人たる区教育委員会は、毎年四月に翌会計年度（七月から翌年六月まで）の予定教育計画の費用に対する交付金の請求を含む予算を作成して、公開の討論会（公聴会）を開催し、区教育委員会はここで適正予算額の勧告を受けた後、文教局より交付予定の収入金額を差し引いた予算額を全教育区にわたり租税として賦課徴収することを市町村町に指令する。市町村長は、この金額を徴収すること及び当該会計年度内において区教育委員会の指示する時期にその金額を教育区の会計係に納入することを監督する責任を負うこと、また教育税は当該教育区内において公平に賦課し普通の市町村税と同様な方法でこれを徴収することが規定された（第五章教育区第二条）。なお、これらの職務の不履行の罪を犯した者は、解職、禁固などの罰則規定が挿入され（同章第七条）、市町村長に対しては厳しい内容であった[7]」。

こうした中で琉球教育法に基づく教育委員会制度については、理想と現実のギャップが大きかった。特に困難が生じたのは教育税であった。『徳之島町誌』によれば、「公選後の運営に必要な教育予算は、教育税として委員会が計上しても、結局町村議会の議決が必要ということになり、各町村ともにとまどった。町村民税のほかに教育税が賦課されるので、住民は喜ばず、委員長や教育長を互選して、公聴会を開いたりしたが、財政的裏付がないため、委員会は困った[8]」という。

こうした実態や当時の徳之島の人々の経済的困窮を考えて、徳之島地区連合教育委員会では一九五二年八月、民政府や琉球政府に対して、琉球教育法の一部改正と義務教育費の政府補助を要請した[9]。しかしながら、徳之島地区連合教育委員会の意図通りには行かず、だからといって村の人々に教育費のほとんどを負担させることは難しい状況があり[10]、一九五二年一一月二日、東天城村では、公選された教育委員が総辞職するということがあった。このことを受けて、同年一一月二五日、村長が教育委員を任命した[11]。

寺師忠夫によれば、「市町村長は有期教育委員との二重人格となり、市町村と区教委の両者の板ばさみとなって、しかも布令による処罰の恐れもある。このような性格の教育税であるから、市町村ごとに議会にとっては、はなはだ迷惑千万であり、不愉快なものであったと言わねばならない」。「教育税の賦課徴収には多大の困難があるばかりでなく、教育税というかって聞いたことのない独立税によって、教育をまかなうというので、区教委ができたために税負担が過重になったという不平も多く出てきた。この不平は貧弱市町村において著し」かった[12]。こうしたことから、教育税を基盤とした教育財政については、教育委員会にも市町村長にも困難を生じさせたことがわかる。

徳之島だけではなく、奄美群島全体において教育税を基盤とした教育財政は計画通りに進まなかった。山下巖によれば、一九五二（昭和二七）年一二月には「全郡（引用者注：奄美群島）の市町村議会議員会議が開かれ、教育税の徴収を見合せ、各市町村毎に教育財政の空白の打開策を講ずることを申し合わせ」た。「このような情勢のため、各区教育委員会が教育税の賦課徴収にふみきったのは、二八年二月以降のことであった。しかし賦課した教育税もなかなか納付されず、各区教育委員会は四苦八苦の有様であった。委員会は各学校に協力を求め、児童生徒を通じて教育税の趣旨を衆知させるとともに、宣伝用のチラシを配布して早期納付を督励した。それにもかかわらず教育税には未収金が多く、教育行政の運営に支障を来たす有様であった」。「行政分離中は琉球政府からの財政援助は少なく、地方財政は極めて貧弱であった。ことに琉球政府は、区教委発足のための補助金は全然出さなかった。こうした貧弱で不安定な教育財政の下では、学校の施設・設備の整備は不可能に近かった[13]」という。

徳之島二町村では、最終的には一九五三年から教育委員は町村長の任命制、教育予算は町予算と共通になった(14)。

三　琉球教育法に基づく教育委員会制度の課題

琉球教育法に基づく教育委員会制度については、どのような課題があったのだろうか。一九五二年一一月二日、東天城村では、教育政策実施の基盤となる教育税の徴収が思い通りに進まず、公選された教育委員が総辞職するということがあった。このことは、琉球教育法に基づく教育委員会制度のひとつの特徴である、教育税ついてはその実施が容易ではなく、公選された教育委員を辞職にまで追い込んでしまったということを示している。その一方で、教育委員の総辞職について、『奄美タイムス』の社説では住民の代表としての責任の果たし方について以下のように指摘されている。

教育委制度が法制化され、それに基づいて選挙が行われた際、立候補し当選した各委員は、当初から負荷されている使命と責務を意識し、自覚していたものと思う。それにもかかわらず発足間もない現在当初から予想されていたところの諸種の困難を処理出来ないという理由だけで、その任を自ら放棄したということについては、無条件に承服しかねるものがある。……総辞退するに価する理由は十分備わつている。だが総辞退という重大な態度を決定する以前に、何等かの政治的考慮と手段、例えば全郡的なつながりを持つとか更に強力な政治的折衝に乗り出すとかの方途がとられて然るべきであろうし、その方が同じく総辞退するにしても、政治的に見てより効果的であつたであろう。そして又そうすることが一般選挙民に応える道でもあつたと思う。その意味でわれわれは東天城地区教育委の総辞退の止むを得ざることは理解しながらも、なおかつ異論をさしはさむものである。(『奄美タイムス』一九五二年一一月一一日)

東天城村の教育委員総辞職の後も奄美群島においては、教育税の徴収が計画通りに進まない事態が続いた。制度改正の声がさらに高まっていく中で教育税について、『奄美タイムス』の社説では一般行政の責任について以下のように指摘されている。

教育税返上ということは世論の一致したところではある。これは否定出来ないが、その責任を負荷された市町村当局としては、一般世論と少し違った行き方がなければならなかった筈である。というのは市町村当局は、これまでかなりの教育費をその予算に計上していたのである。ところが教育制度が改り、教育委員会が新設され、教育税が別わくになるや、これまでの教育費を削除し、その財源を一般経常費に振り当てしまつた市町村が多いといわれている。要するに教育税賦課の責を持ちながらその財源を全然考慮せずに、財源のすべてを経常予算に組みいれてしまつた訳だ。このことを結果的に見れば、教いく費は一切合切政府が負担すべきで、市町村としては、教いく費は全然負担出来ないということを意味するものといわねばならない。政府にそれだけの用意があり、そしてその明確な見通しが立てばそれでも結構だろう。しかしながら教育税の場合は教育費の地域負担は法規で明示されていたし市町村当局は教育税の賦課徴収の任にあることがはつきりしていたのである。そうした明確な一線が示されているにかかわらず、許す範囲の財源をそのために確保して置かなかったということは教いく税返上が単なる方便としてのレジスタンスに過ぎなかつたことを物語つているのではなかろうか……教育税の場合は法が施行された後に返上運動が起り、市町村当局は上記のような予算措置をしている。その上日時の経過に伴つて、教育税の賦課如何にかかわらず予算支出の債務は次々派生していたのである。このような事情を総合すると、市町村当局としては当然な責務として適切な予算措置を考慮しながら、教育税返上という政治折衝を続けるべきであつたといえるのである。それを教育税返上というだけで、目安も定めず臨時的な、或は最悪の事態に備える用意なくして今日に至つたことは、決して当を得た在り方とはいえないであろう。(『奄美タイムス』一九五三年二月二四日)

琉球教育法に基づく教育委員会制度については、理想と現実のギャップが非常に大きかったと言わざるを得ない。その上で、教育委員の中には市町村長も含まれていたため、一般行政と教育行政の「橋渡し役」にもっとなることはできなかったのだろうか。また、東天城村の事例については、教育税に基づく教育財政に大きな責任を持っていた村長が責任をとらず、教育委員が責任をとることになったのは疑問が残る点であろう。

四　徳之島二町村の教育委員会制度の現代への示唆

徳之島二町村の教育委員会制度については、現代の教育を考える上でどのような示唆を含んでいるのだろうか。

徳之島を含む奄美群島において、琉球教育法に基づいた教育委員会制度が実施されていたのは、一九五二（昭和二七）年四月から一九五三（昭和二八）年一二月までであった。この間、アメリカの教育委員会制度に近い制度が導入された。日本本土における教育委員会法（一九四八年）に基づく教育委員会制度について、小松茂久は「米国教育使節団報告書が教育委員会制度の導入を強く働きかけていた……そこでの組織原理は素人教育委員と教育長を中心とした教育専門家との間での抑制と均衡であった。ところが、この理念的価値があたかも制度の運用の中で具体化しているかのごとくに理解されたまま、我が国に導入しようとしたことに無理があったのである……教育使節団は、母国の少なくとも都市部においてはすでに実態と完全にかけ離れ、理念としてのみ生き残っていた組織原理を我が国に導入しようと試みたのであり、我が国でそれが有効に展開される可能性は当初から乏しかったのである[15]」と分析している。小松の分析は、徳之島を含む琉球政府内の教育委員会制度については、教育長と教育委員の関係だけではなく、市町村長と教育・教育委員の関係にもあてはまるだろう。

アメリカの教育行政については地方分権的な側面が強く、そのような考え方が琉球教育法に基づく教育委員会制度の基盤にはあったと考えられる。教育税があることなどを考えると、当時の教育委員会は自律性が高い組織として構想されていた。しかしながら、高い自律性の基盤である教育税の徴収が計画通りに行かなかったことは、教育委員会制度を根底から揺るがす事態を招いてしまっただろう。その上で、教育委員としての立ち位置も持っていた市町村長がもっと役割を果たせなかったのだろうか。アメリカでは長年、州と基礎自治体が教育費の多くの部分を負担する仕組みがとられている。このため琉球政府においても、郡と市町村が教育費を負担する構想になっていたと考えられる。琉球政府の教育税は多くの課題があり、住民にとって大きな負担であったものの、市町村長はアメリカ生まれの教育委員会制度の趣旨を住民にもっと伝える必要があったのではないだろうか。また、一般行政と教育行政の「橋渡し役」を担う必要があったのではないだろうか。

このように教育委員会制度は多くの課題があったものの、琉球教育法に基づく教育委員会制度においては、各教育区が教育税を設定する際に、住民対象の公聴会を開いて進めていった。東天城村では公選の教育委員が総辞職することがあったものの、その前に教育費に関する公聴会を開き、住民に開かれた教育行政が実施されていたのである。教育税は住民の教育行政への関心を高めたと言うこともできる。また、地方教育行政機関の説明責任を果たすことにもつながったと言うこともできる。日本の教育行政の歴史において、教育費の住民直接負担の取り組みが実施されたことは珍しく、地方分権の教育行政のあり方を考える上での多くの示唆を含んでいる。

〔注〕

（1）徳之島町ホームページ
https://www.tokunoshima - town.org/kikakuka/chose/toke/documents/s30 - h27.pdf（二〇一九年六月一八日閲覧）

（2）名瀬市誌編纂委員会編『名瀬市誌　下巻』一九七三年、八九頁。

（3）同上書、九三頁。

（4）同上書、九三頁。

（5）同上書、一〇六ー一〇七頁。

（6）徳之島町誌編纂委員会編『徳之島町誌』一九七〇年、二三〇頁。

（7）嘉納英明「沖縄の教育委員会制度をめぐる歴史的動態―教育税制度の創設と制度運用をめぐる諸問題の検討―」『九州教育学会研究紀要』第二四巻、一九九六年、二二〇頁。

（8）徳之島町誌編纂委員会編『徳之島町誌』一九七〇年、二三〇頁。

（9）『奄美タイムス』（一九五二年八月二二日）

（10）『奄美タイムス』（一九五二年一一月一一日）

（11）徳之島の資料

（12）寺師忠夫「分離期間中における教育行政の概要」名瀬市教育委員会編『戦後の奄美教育誌』一九九三年、五四頁。

（13）山下巖『鹿児島の教育　上―戦後鹿児島県教育史覚書―』図書刊行会、一九八〇年、四九頁。

（14）徳之島町誌編纂委員会編、前掲書、二三〇頁。

（15）小松茂久「教育委員会制度の導入と組織原理」堀内孜編『地方分権と教育委員会制度』ぎょうせ

い、二〇〇〇年、四九頁。

第八章　チームとしての学校論

栗原真孝

一　学校制度改革とチーム学校

昨今、学校制度の改革が進められている。例えば、二〇一四年の教育再生実行会議の提言では小中一貫校の推進が打ち出され、二〇一六年度から義務教育学校が制度化されている。義務教育学校とは、小学校から中学校までの義務教育を一貫して実施する、新たな学校種である。義務教育学校の教員には、小学校および中学校の両方の免許状を保持していることが原則的には求められている（ただし、当分の間は例外があるということになっている）。二〇一六年度は公立の義務教育学校が二二校設置された。鹿児島県では二〇一七年度に出水市の鶴荘学園と南さつま市の坊津学園が設置された。お茶の水女子大学の調査研究では全国学力テストの結果を用いて学力と家庭の社会経済的背景の関係などが分析されており、この中で児童生徒の家庭の社会経済的背景から統計的に予測される学力を大きく上回る学校（「高い成果を上げている学校」）の特徴についても分析されている。その特徴のひとつは、小中連携教育の推進であり、具体的には小中学校間で「各教科の内容の系統を図るといった教育課程作成の取り組みのみならず、全教科共通の学習規律や生活規律の系統化や継続化の共同研究に力を入れている」[1]ということであった。こうした調査結果を踏まえると、義務教育学校が広がっていくことで子どもたちの学力向上につながっていくだろう。

また、学校制度改革が進められていく中で、例えば鹿児島県の教員採用試験では、「小学校英語特別選考」が実施されており、小学校の教員免許と中学校（英語）の教員免許（または高校）を有し、実用英語技能検定準一級以上などの民間英語試験でのある程度の成績を持っている者が対象となっている。また、小学校と中学校の教員免許を両方とも持っている者は、加点申請ができるようになっている。[2]このように、学校制度改革が進められていく中で、求められる教員像が徐々に変化していっていることがわかる。

こうした学制改革が進められていく中で、「チームとしての学校」（チーム学校）という考え方が打ち出されてきている。本章では、チーム学校とは何かを検討した上で、チーム学校という考え方が求められるようになった背景、チーム学校の推進の効果などについて検討する。

二　チーム学校とは

現在の学校は、教育課題が複雑化・多様化しているため、学校と教職員だけで対応するのではなく、「チームとしての学校」、つまり専門家（心理、福祉、言語、看護など）や地域住民などの幅広い関係者たちと連携・協働し、対応することが求められている。「チーム学校」とは、学校の教育活動などに教職員に加えて、他の専門家や地域住民などの幅広い関係者たちが様々な形で関わることで、学校の教育力および地域の教育力を向上させ、子どもたちの学びを深化させることができるという考え方と言える。さらに本章では、同一校種間の連携（例：A小学校とB小学校）や校種間の連携（例：小学校と特別支援学校）も含め、チーム学校を幅広い意味で捉えている。

教育再生実行会議の第五次提言（「今後の学制等の在り方について（第五次提言）」）では、小中一貫教育学校の制度化などの学制改革に触れた上で、「学制改革に伴い、学校間の連携や一貫教育を推進し、柔軟かつ効果的な教育を行う観点から、教師が学校種を越えて教科等の専門性に応じた指導ができるよう教員免許制度を改革するとともに、専科指導等のための教職員の配置や専門性を持つ人材の活用を図ることが必要[3]」と明記されており、「チーム学校」の考え方につながる内容が示されている。その上で具体的には、以下のことが明記されている。

資料一　教育再生実行会議「今後の学制等の在り方について（第五次提言）」（抜粋）

○特別免許状制度や特別非常勤講師制度の活用や、学校支援ボランティアの推進等により、学校の教育活動において、社会経験や専門的知識・技能の豊かな社会人、外国人指導者、文化・芸術・スポーツの指導者など多様な人材の積極的な登用を図る。
○学力の定着等に課題を抱える児童生徒や、発達障害児を含む特別支援教育を必要とする児童生徒に対して、きめ細かい指導や社会的自立に向けた支援を行うことができるよう、国及び地方公共団体は、教師の専門的指導力の向上とともに、教職員配置や専門スタッフの充実を図る。
○教師の勤務時間や授業以外の活動時間が世界的に見て格段に長いことを踏まえ、教師が子供と向き合う時間を確保し、教育活動に専念できるようにする観点から、学校経営を支える管理・事務体制の充実、スクールカウンセラーやスクールソーシャルワーカーなどの多様な専門職の配置や活用が進むよう、制度面・財政面の整備を行う。

こうしたチームとしての学校という考え方は、二〇一五年末の中央教育審議会の答申「チームとしての学校の在り方と今後の改善方策について」（以下、「チーム学校答申」）に中心的に示されている。同答申では、「学校において子どもが成長していく上で、教員に加えて、多様な価値観や経験を持った大人と接したり、議論したりすることで、より厚みのある経験を積むことができ、本当の意味での『生きる力』を定着させることにつながる。そのために、『チームとしての学校』が求められている」と述べられており、チーム学校のねらいは子どもたちの学びの深化であることがわかる。

「チーム学校答申」では、チームとしての学校像としては、「校長のリーダーシップの下、カリキュラム、日々の教育活動、学校の資源が一体的にマネジメントされ、教職員や学校内の多様な人材が、それぞれの専門性を生かして能力を発揮し、子供たちに必要な資質・能力を確実に身に付けさせることができる学校」（一二頁）と定義されている。さらに、チーム学校については、一つの学校単位に加えて、同一校種間の連携や各校種間の連携も含めて考える必要がある。例えば、特別支援学校については、地域の学校に対するセンター的機能を発揮することが求められている。その中で特別支援学校の教員には特別支援学校で教育活動に従事するとともに、地域の学校における特別支援教育に指導的立場で関わることが期待されている。

二〇一七年一二月に鹿児島県教育委員会が策定した「かごしま教員育成指標」においても、求められる資質のひとつとして「連携協働力」が設定されており、この中で「保護者・地域等との連携」については、「児童生徒の健全育成に向けて、保護者や地域、関係機関、企業等と積極的に関わり、連携を深めるとともに、説明責任を果たす等、適切に対応する力」と明記されている。[4] このことから、今後の教員に対しては、チーム学校の意義を理解するだけではなく、チーム学校を推進していく力量も求められていることがわかる。

三　チーム学校が求められる背景

教育課題の複雑化・多様化の背景については、チーム学校答申では、「都市化・過疎化の進行、家族形態の変容、価値観やライフスタイルの多様化、地域社会等のつながりの希薄化や地域住民の支え合いによるセーフティネット機能の低下などが考えられる。また、情報技術の発展により、各種の情報機器が子供たちの間でも広く使われるようになり、人間関係の在り様が変化してきていることもある」（七頁）と分析されている。

こうした中で子どもたちを取り巻く環境について考えると、子どもにかかわる社会問題は多くあり、中でも「貧困」は深刻な問題である。日本では今、家庭の経済力が子どもの学力や進路に影響を与える傾向があることが大きな社会問題となっている。それでは、なぜこのことが問題なのだろうか。それは「貧困の世代間連鎖」を引き起こしてしまう可能性があるからである。この連鎖は個人にとっても社会にとっても大きな不利益となる。この点については、日本政府は「子供の貧困対策に関する大綱」の中で以下の認識を示している。

日本の将来を担う子供たちは国の一番の宝である。貧困は、子供たちの生活や成長に様々な影響を及ぼすが、その責任は子供たちにはない。子供の将来がその生まれ育った環境によって左右されることのないよう、また、貧困が世代を超えて連鎖することのないよう、必要な環境整備と教育の機会均等を図る子供の貧困対策は極めて重要である。そうした子供の貧困対策の意義を踏まえ、全ての子供たちが夢と希望を持って成長していける社会の実現を目指し、子供の貧困対策を総合的に推進するため、政府として、ここに『子供の貧困対策に関する大綱』を策定する。

その一方で、子どもの貧困の実態はどのような状況なのだろうか。厚生労働省による二〇一六年の「国民生活基礎調査」では、子どもの貧困率（二〇一五年時点）は一三・九％となっており、二〇一二年の貧困率（一六・三％）よりは改善されたものの、一七歳以下の子どもの七人に一人の割合となっている。二〇一三年の全国学力調査の追加分析では、親の年収や学歴が高いほど、子どもの学力が高い傾向にあることがわかった。(5) ここから、家庭の経済力が子どもの学力に影響を与える傾向があるということがわかるため、子どもの貧困の問題は子どもたちを取り巻く環境の変化であり、教育課題の複雑化・多様化の背景のひとつと言える。

教育課題の複雑化・多様化の背景については、こうした学校外の課題だけではない。チーム学校答申によれば、「これまでの文部科学省やOECD等の調査によると、我が国の教員は、授業に関する業務が大半を占めている欧米の教員と比較すると、授業に加え生徒指導、部活動など様々な業務を行っていることが明らかとなっており、勤務時間も、国際的に見て長いという結果が出ている」(九頁)。また、「教職員総数に占める教員以外のスタッフの割合は、日本が約一八%であるのに対して、米国が約四四%、英国が約四九%となっているなど、諸外国と比較した我が国の学校の教職員構造は、教員以外のスタッフの配置が少ない状況にあると考えられる。この調査結果から、我が国の教員は、多くの業務を担わざるを得ない状況になっていることがうかがえる。教員が子供と向き合う時間を十分に確保するため、教員に加えて、事務職員や、心理や福祉等の専門家等が教育活動や学校運営に参画し、連携、分担して校務を担う体制を整備することが重要である」(一〇頁)と明記されている。こうした教員の多忙化に対応するためには、「個々の教員が個別に教育活動に取り組むのではなく、学校のマネジメントを強化し、組織として教育活動に取り組む体制を創り上げるとともに、必要な指導体制を整備することが必要である。その上で、生徒指導や特別支援教育等の充実を図るために、学校や教員が、心理や福祉等の専門家(以下「専門スタッフ」とい

表１　教員以外の専門スタッフ

心理や福祉に関するスタッフ	授業等において教員を支援する専門スタッフ	部活動に関する専門スタッフ	特別支援教育に関する専門スタッフ
・スクールカウンセラー ・スクールソーシャルワーカー	・ICT 支援員 ・学校司書 ・英語指導を行う外部人材 ・外国語指導助手 ・補習など学校における教育活動を充実させるためのサポートスタッフ	・部活動指導員	・医療的ケアを行う看護師等 ・特別支援教育支援員 ・言語聴覚士（ST） ・作業療法士（OT） ・理学療法士（PT） ・就職支援コーディネーター

出所：「チーム学校答申」二二頁をもとに、筆者作成。

う）や専門機関と連携・分担する体制を整備し、学校の機能を強化していくことが重要である。このような『チームとしての学校』の体制を整備することによって、教職員一人一人が自らの専門性を発揮するとともに、心理や福祉等の専門スタッフの参画を得て、課題の解決に求められる専門性や経験を補い、教育活動を充実していくことが期待できる」（一〇～一一頁）とされている。教員以外の専門スタッフについては、スクールカウンセラーをはじめとする幅広い人材が想定されている（表１）。

このように、昨今は子どもや子どもを取り巻く環境が変化し、学校教育政策においてチーム学校という考え方が求められるようになった。学校教育において教育課題が複雑化・多様化しており、その背景には子どもの変化や子どもを取り巻く環境の変化がある。子どもの変化としては、発達障害がある子どもの増加、いじめ問題、不登校の増加などである。子どもを取り巻く環境の変化としては、教員の多忙化、子どもの貧困の深刻化、児童虐待の増加、学童保育施設の不足などがある。こうした中で、学校と教職員だけで対応するのではなく、「チームとしての学校」、つまり専門家（心理、福祉、言語、看護など）や地域住民などの幅広い関係者たちと連携・協働し、対応することが求められている。

今後の学校および子どもたちの課題に対しては、教育の専門家である教師の対応だけではなく、福祉的対応や心理的対応が求められていることがわかる。その上でチーム学校答申では、教員の業務については、「①教員が行うことが期待されている本来的な業務」「②教員に加え、専門スタッフ、地域人材等が連携・分担することで、より効果を上げることができる業務」「③教員以外の職員が連携・分担することが効果的な業務」「④多様な経験を有する地域人材等が担う業務」の四つに分類されている。連携・協働を通して「①教員が行うことが期待されている本来的な業務」に専念できるようにしていくことが求められている（二二三頁）。

四　チーム学校の効果と課題

チーム学校を推進することは、どのような効果をもたらすのだろうか。国際学力調査（ＰＩＳＡ）では、日本も世界トップレベルの成績を残しているものの、それ以上にシンガポールはよい成績を出している。例えば、高校一年生を対象とする二〇一五年の国際学力調査（ＰＩＳＡ）では三科目すべてでトップであった。シンガポールの学校教育の特徴のひとつは教師が授業に力を入れられる環境が整っていることである。例えば、シンガポールの学校では日本に比べて特別支援教育支援員の配置が充実しているため、国際調査において、教師がその必要性をあまり感じていない[6]。このことから、教師が授業に力を入れられる環境整備が進められていることがわかる。こうしたシンガポールの事例は、チーム学校の推進が教師の多忙化を軽減し、中心的な業務に集中できる環境が整えられている事例と言えるだろう。

その一方で、連携・協働を進めることの課題について考えると、チーム学校答申では、連携・協働については「学校と家庭や地域との間の関係や、学校と警察、消防、保健所、児童相談所等の関係機関との間の関係など、学校と独立した組織や機関との関係に用い」（一一頁）られている。チーム学校の中では、教育活動や子どもたちへの関わり方には違いがあるものの、教員と他の専門職が同じ方向（子どもたちの学びの深化）を向いていることが望ましい。教員と専門スタッフ、さらには他の関係者は、連携・協働のもとに関わっていけるのだろうか。その際の課題については、藤田武志は「教員や学校の立場とは異なる意見を尊重するのはもちろんであるが、その一方で、学校で大切にしている教育的配慮について学校外の人々に理解してもらう努力も必要である。というのは、たとえば、非行やいじめといった問題行動に対する学校の教育的な働きかけについて、一般の人々から生ぬるいといった批判がなされたり、もっと毅然とした懲罰的な対応をすべきだといった意見が出されたりすることが少なくないからである。子どもの問題行動に対しては、司法の場においても保護処分という教育的な対応がなされるにもかかわらず、そのことも一般にはあまり理解が浸透していないようである。その他、部活動についても、教育活動の一環としての位置づけを外部コーチが理解していないことに起因する軋轢が生じることは珍しいことではない[7]」と論じている。チーム学校に関わる人材については、「学校教育の理解者」であることが求められていることがわかる。

こうしたことを踏まえると、チーム学校という考え方のもとで、教員と専門スタッフの養成をしていけるか否かについても、今後の課題である。両者に対してチーム学校の意義を学ばせた上で、教員に対しては他の専門スタッフと連携・協働できる力を、専門スタッフに対しては教員と同じ考え方を持ち、教育的対応ができる力を身に付けさせることが求められていると考えられる。

以上のように、チーム学校という考え方は教師の役割を明確化させ、教育の質を向上させることができるだろう。また、チーム学校という考え方は、結果として教員の多忙化を軽減させるができる。今後の学校教育ではチーム学校を進めていくことは重要であるものの、学校教育において教師は子どもたちの人間形成を中心的に担う役割が求められていることを忘れてはならない。

〔注〕
（1）お茶の水女子大学『平成二五年度全国学力・学習状況調査（きめ細かい調査）の結果を活用した学力に影響を与える要因分析に関する調査研究』二〇一四年、一四一頁。
（2）鹿児島県教育委員会「平成三〇年度鹿児島県公立学校教員採用選考試験要項」三頁。
（3）教育再生実行会議「今後の学制等の在り方について（第五次提言）」二〇一四年（https://www.kantei.go.jp/jp/singi/kyouikusaisei/pdf/dai5_1.pdf、二〇一八年三月一一日）
（4）鹿児島県教育委員会「かごしま教員育成指標」二〇一七年、三頁。

（5）お茶の水女子大学『平成二五年度全国学力・学習状況調査（きめ細かい調査）の結果を活用した学力に影響を与える要因分析に関する調査研究』二〇一四年。
（6）シム チュン キャット「シンガポール」大杉昭英編『学校組織全体の総合力を高める教職員配置とマネジメントに関する調査研究報告書』二〇一七年、二一七－二二四頁。
（7）藤田武志「専門性に基づくチーム体制の構築 『チーム学校』における学校・教師の役割」『「チーム学校」によるこれからの学校経営』（新教育課程ライブラリVol・6）、ぎょうせい、二〇一六年、二四頁。

第九章　チームとしての学校の取り組み（生徒指導）

帖佐尚人

一　はじめに

これまで見てきたように、チームとしての学校という理念は、一方では多忙化する教員の負担軽減という観点から、他方では複雑・多様化する子どもの問題行動やその背景問題（虐待、貧困など）への対応のために、教員以外の学校外の専門家や関係機関・地域団体との連携の必要性が増してくるなかで、今日的な時代の要請として生まれてきたものである。とはいえ、こと生徒指導に限って言えば、こうした関係機関との連携によって地域の教育資源を有効に活用しようとする取り組みは、ここ最近になって急に立ち現れたものではない。むしろ子どもの問題行動等対応の長い歴史のなかで、関係機関との連携のための様々な生徒指導施策が積み重ねられてきたのであって、チームとしての学校はあくまでその延長線上に位置づけられるものであることを認識しておく必要がある。

例えば、少年団等のスポーツ団体や青少年団体、ボランティア団体との連携による子どもの健全育成は、それこそ戦前からの歴史を有している。[1] また、非行問題の専門家としての警察職員を招聘して実施される、いわゆる非行防止教室は、一九八二（昭和五七）年に開始された警察庁事業「少年を非行からまもるパイロット地区活動」に端を発するものである。この事業は、全国で当時少年非行の多発していた地区約二百カ所を選定し、各地区において警察が家庭、学校、地域社会と協力して、少年非行の防止活動を推進することを目的としたもので、これ以降、警察官や婦人補導員（現在の少年補導職員）が学校を訪れて、薬物乱用防止等に関する出前授業や講演を行うという非行防止教室が全国的に実施されるようになった。[2] あるいは、不登校の子どもや虐待を受けている子どもなど、福祉的ニーズを有する子どもへの支援を充実させるために、二〇〇八（平成二〇）年度からは文部科学省の「スクールソーシャルワーカー活用事業」も開始されている。スクールソーシャルワーカー（ＳＳＷ）とは、問題を抱える子どもの課題解決を図るために、福祉の専門家として学校と関係機関とを繋ぐコーディネーター的な役割を担う存在であり、チームとしての学校においても、その専門性を大いに発揮することが期待される専門能力スタッフとして位置づけられているところである。

このように、生徒指導連関におけるチームとしての学校は、単に学校内の生徒指導体制の整備や分業化といった次元にとどまるものではない。そこには必然的に、学校がスクールソーシャルワーカー等を通じて、学校外の関係機関とどのように繋がっていき、その地域の教育資源をどのように効果的に活用していくのかという視点が不可欠なのである。その意味でチームとしての学校は、極めて広範な内容を包含した概念なのだが、なかでも本章では、鹿児島県内で既に一定の取り組みの蓄積が存在するものとして、次の二つを中心に取り上げることとする。

第一に、少年警察活動である。少年警察活動そのものは、主として学校ではなく警察が行う活動であることから、チームとしての学校の枠外に置かれるべきものではある。しかしながら、先に触れた非行防止教室や後述する非行少年の居場所づくり事業のように、非行問題の専門家としての警察職員を学校の教育活動に有効活用しようとする取り組みは、チームとしての学校を十全に機能させるための一つの手立てとなり得るものであり、ここで紙幅を割いてその現状と展望を整理したい。

第二に、スクールソーシャルワーカー等の専門能力スタッフを活用した不登校支援である。鹿児島県では、二〇一六（平成二八）年度より「『チーム学校』による不登校対策事業」が進められており、この事業のもとで不登校改善に取り組んだ際の実践事例報告も、学校現場サイドから為されている。そのため、こうした現場サイドからの事例報告を踏まえて、鹿児島県におけるチームとしての学校施策を分析したい。

構成としては、まず鹿児島県における子どもの問題行動等の現状を概観したうえで、上記の二点について整理・分析していく。

二　鹿児島県における子どもの問題行動等の現状

少年非行の地理的な特徴として、しばしば少年非行は「西高東低」であると言われることがある。表1は、二〇一七（平成二九）年中に刑法犯少年として検挙された少年（一四歳－一九歳）について、都道府県別にその少年人口比を順位づけしたものだが、そのワースト一位は福岡県で千人あたり五・四九人、ワースト二位は和歌山県（五・三五人）、ワースト三位は沖縄県（五・一八人）と、全て西日本で占められていることが分かる。ワースト四位は東京都であるものの、ワースト五位以下は大阪府、兵庫県、岡山県と再び西日本が連なっていることから、総じて少年非行は西日本において多く東日本で少ない、すなわち西高東低となっていることが理解できよう。そうしたなか鹿児島県の刑法犯少年は、千人あたり二・四九人となっており、全国平均（三・七三人）と比較しても、近隣各県と比べても少ない人数にとどまっている点で、特徴的であると言える。

同様のことは、文部科学省が公表している児童生徒の暴力行為件数についても指摘することができる。表2は、小・中学生千人あたりの暴力行為件数について、九州沖縄各県及び全国のここ最近の推移を示したものだが、例えば二〇一七（平成二九）年度の鹿児島県における児童生徒の暴力行為は児童生徒千人あたり〇・八件と、全国平均（四・八件）の六分の一以下であり、また他の九州沖縄各県に比べても最小となっているのである。経年での傾向としても、特に沖縄県が二〇一一（平成二三）年度に二・五件であったのが、二〇一七（平成二九）年度には一〇・〇件と五倍の増加を見せているのに対し、鹿児島県は一・〇件前後の低い数値を維持している。このように鹿児島県は、少年非行全般や児童生徒の暴力行為については、全国的に見ても近隣各県と比較しても、低水準を保つことができているものと評価できるであろう(3)。

一方で、小・中学生の不登校については、鹿児島県が殊更少ないとは必ずしも言えないのが現状である。すなわち、表3に示されるとおり、鹿児島県における小・中学生千人あたりの不登校者数

表１　刑法犯少年の全国及び都道府県別検挙人員数（二〇一七年、千人比）

順位	都道府県	千人比
一	（全　国）	3.73
1	秋　田	1.29
2	青　森	1.43
3	福　井	1.74
4	石　川	2.04
5	岩　手	2.05
6	福　島	2.06
7	山　形	2.19
8	三　重	2.36
9	宮　城	2.45
10	鹿児島	2.49
11	長　野	2.52
12	大　分	2.56
13	高　知	2.64
14	群　馬	2.73
15	岐　阜	2.76
16	長　崎	2.80
17	愛　媛	2.84
18	北海道	2.84
19	新　潟	2.90
20	島　根	2.97
21	茨　城	3.05
22	富　山	3.08
23	栃　木	3.25
24	熊　本	3.26
25	静　岡	3.34
26	山　口	3.34
27	香　川	3.43
28	徳　島	3.59
29	佐　賀	3.65
30	山　梨	3.66
31	長　崎	3.67
32	京　都	3.68
33	千　葉	3.69
34	奈　良	3.73
35	埼　玉	3.92
36	愛　知	4.05
37	鳥　取	4.07
38	広　島	4.07
39	宮　崎	4.08
40	神奈川	4.12
41	岡　山	4.45
42	兵　庫	4.50
43	大　阪	4.66
44	東　京	4.80
45	沖　縄	5.18
46	和歌山	5.35
47	福　岡	5.49

出所：警察庁「平成29年中における少年の補導及び保護の概況」をもとに、筆者作成。なお、少年人口比は、平成27年国勢調査から14－19歳人口を算出して推計した。

（一二・四人）は全国平均（一四・七人）をやや下回る程度にとどまっており、二〇一五（平成二七）年度のように、全国平均を僅かながらも上回る年度もあるのである。もちろん、全国平均を概ね下回っている点は評価すべきではあるが、先の暴力行為件数と比べるならば、鹿児島県における不登校者数は、高止まり状態にあるとされる全国的な情勢と軌を一にする形で推移していることから、決して看過できない状況下にあると捉えるのが妥当だと考えられる。

表２　全国及び九州沖縄各県における小・中学生の暴力行為件数の推移（千人比）

	2011 年度	2012 年度	2013 年度	2014 年度	2015 年度	2016 年度	2017 年度
(全　国)	4.0	4.1	4.3	4.0	4.2	4.4	4.8
福　岡	2.8	2.9	2.8	2.4	2.0	2.4	2.5
佐　賀	1.1	1.2	1.6	1.6	1.1	1.5	1.8
長　崎	2.1	2.1	2.5	3.0	3.5	2.9	3.3
熊　本	1.3	1.2	1.1	1.2	1.2	1.3	1.3
大　分	2.3	2.4	2.9	2.5	2.3	2.6	2.1
宮　崎	1.0	1.1	1.2	1.6	1.1	1.2	1.5
鹿児島	0.9	0.9	0.9	0.9	1.1	0.9	0.8
沖　縄	2.5	3.0	3.9	3.8	3.7	7.1	10.0

出所：文部科学省「児童生徒の問題行動等生徒指導上の諸課題に関する調査」（平成23年度～平成27年度）及び文部科学省「児童生徒の問題行動・不登校等生徒指導上の諸課題に関する調査」（平成28年度、平成29年度）をもとに、筆者作成。

表３　全国及び九州沖縄各県における小・中学生の不登校者数の推移（千人比）

	2011 年度	2012 年度	2013 年度	2014 年度	2015 年度	2016 年度	2017 年度
(全　国)	11.2	10.9	11.7	12.1	12.6	13.5	14.7
福　岡	12.1	12.0	12.3	12.6	12.8	12.6	13.6
佐　賀	10.4	10.1	10.6	11.5	13.3	13.1	14.3
長　崎	10.4	8.6	10.4	10.8	12.0	12.4	13.3
熊　本	9.6	8.4	9.4	10.6	10.8	12.3	13.2
大　分	13.2	12.6	13.3	13.5	13.0	13.5	15.0
宮　崎	9.7	9.8	10.6	10.0	10.4	11.3	12.0
鹿児島	10.6	10.6	11.2	11.3	12.8	12.8	12.4
沖　縄	12.0	11.2	13.1	13.9	14.9	16.2	17.3

出所：文部科学省「児童生徒の問題行動等生徒指導上の諸課題に関する調査」（平成23年度～平成27年度）及び文部科学省「児童生徒の問題行動・不登校等生徒指導上の諸課題に関する調査」（平成28年度、平成29年度）をもとに、筆者作成。

また、子どもを取り巻く状況として、鹿児島県において特に深刻なのが子どもの貧困である。日本財団と三菱ＵＦＪリサーチ＆コンサルティングが二〇一六（平成二八）年に公表したレポートによると、貧困状態にある子どもの割合を都道府県別に見た場合、最も高かったのは北海道で二三・七％であり、次いで沖縄県の二一・一％、大阪府の二〇・四％、高知県の一九・五％、鹿児島県の一九・三％と続く(4)（図1参照）。このように鹿児島県は、子どもの貧困率でワースト五位となっており、厳しい経済状況下に置かれている子どもが相当数存在することが分かる。

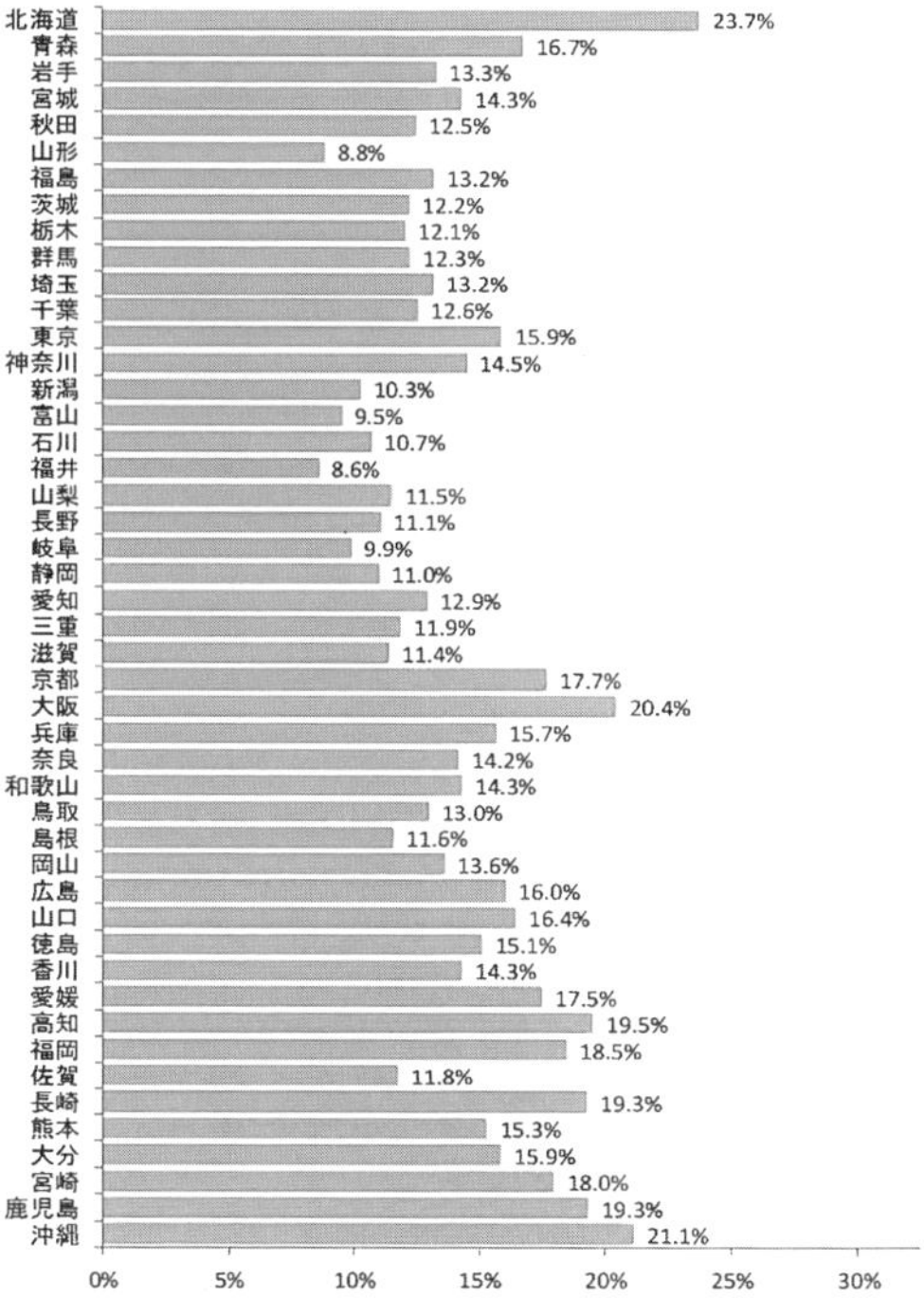

図１　都道府県別の子どもの貧困率

出所：日本財団、三菱ＵＦＪリサーチ＆コンサルティング「子どもの貧困の社会的損失推計：都道府県別推計」（2016. 3）、24頁

一般に貧困は、子どもの学業達成や健全育成上の阻害要因になるリスクが高いと考えられることか

ら、子どものこうした福祉的なニーズにどのように応えていくかが、とりわけ鹿児島県においては重要な課題になると言えよう。

その他、やや蛇足になるが、鹿児島県の子どもの問題行動等における気になる点として、刑法犯少年の共犯率の高さを指摘しておきたい。と言うのも警察庁の統計によれば、二〇一七（平成二九）年中における刑法犯少年の共犯率は、全国平均では二〇・五％となっているが[5]、鹿児島県では四三・一％と全国平均の二倍近い数値となっているのである[6]。一般的に、共犯率の高い罪種としては、乗り物盗などのいわゆる初発型非行（より重大な非行の入り口になるような非行）が挙げられる。そのため鹿児島県では、友人に誘われて（流されて）安易にそうした非行に走ってしまう少年が、他県に比べてかなり多く存在するものと推察されるところである。

以上のことから、鹿児島県の子どもの問題行動等の現状をまとめると、次の二点に整理できよう。

①少年非行全般や暴力行為については、低い水準を維持している。ただし、刑法犯少年の共犯率が極めて高く、友人に流されて安易に非行に走ってしまう傾向が強いと推察される。

②不登校は、他県と同様に高止まりの状況にある。また、子どもの貧困率が都道府県別でワースト上位に位置していることも併せて考慮するならば、福祉的なニーズを有する子どもへの支援の充実が特に重要な課題となる。

このことを踏まえたうえで、鹿児島県における生徒指導連関のチームとしての学校の取り組みを、次節で分析していくことにしたい。

三　鹿児島県におけるチームとしての学校の取り組み（生徒指導）

（一）少年警察活動

少年警察活動は、「少年の非行の防止及び保護を通じて少年の健全な育成を図るための警察活動」（少年警察活動規則一条）と定義されるもので、警察本部少年課や各警察署の少年担当係の職員がその主な担い手となっている。特に二〇〇〇年前後から、警察における少年相談の専門部署としての少年サポートセンターが各都道府県で設置されるようになると、少年警察活動はよりいっそう本格化することになる。

鹿児島県でも、一九九九（平成一一）年に鹿児島県警察本部少年課少年サポートセンターが設置されるとともに、薩摩川内警察署、姶良警察署、霧島警察署、鹿屋警察署及び奄美警察署に同センター分室が置かれている。さらに二〇〇四（平成一六）年には、鹿児島中央駅分室も開設されるなど、少年警察活動の充実が図られているところである。

こうした少年サポートセンターが中心となって、鹿児島県警察が積極的に取り組んでいるのが少年の居場所づくり事業である。同事業は、学校や家庭で問題を抱える少年や非行歴のある少年を主な対象者に、料理教室やスポーツ交流、田植え体験、陶芸教室などの様々な交流活動を実施することで、学校や家庭に居場所がない少年たちの立ち直りや健全育成を支援することを目的としている。二〇一三（平成二五）年度の実施実績は年一〇回程度であったが[7]、二〇一五（平成二七）年度には四三回の実施と四倍超の増加を見せており、[8] 特に重点的に取り組まれていることが窺い知れる。なお、この居場所づくり事業には、少年サポートセンターの職員のほか、より少年たちと年齢の近い大学生のボランティア（大学生少年サポーター）も参加している。こうした大学生ボランティアの登録者数は、鹿児島県では二〇一六（平成二八）年度の場合、七五名となっているが、これは九州沖縄各県では福岡県、沖縄県に次いで三番目の多さである。[9] このように鹿児島県では、少年の立ち直り支援に意欲的な大学生ボランティアを多数活用することによって、少年の居場所づくり事業のいっそうの活性化が図られていると言えよう。

また、鹿児島県警察の取り組みとして、チーム・ティーチング（ＴＴ）方式による非行防止教室にも注目しておきたい。これは、制服警察官が学校に出向き、学級担任と協力してチーム・ティーチング（ＴＴ）で各学級単位での非行防止の授業を行うものである。取り上げられる内容は、学校との事前の協議で決定されるが、薬物乱用防止や万引き防止、ネットトラブル防止など多様である。[10] 全国的には、北海道警察が先駆的に取り組みをスタートさせており、具体的には二〇〇一（平成一三）年に江別市の中学校で試験的に実施された後、二〇〇四（平成一六）年から札幌市内の中学校で、二〇〇八（平成二〇）年からは全道の中学校で導入され、さらに二〇一〇（平成二二）年からは札幌市の小学校で、翌二〇一一（平成二三）年からは全道の小学校でも導入されている。[11] こうした北海道警察の先駆的実践を、九州では初めて取り入れたのが鹿児島県であり、二〇一一（平成二三）年から鹿児島市内の小中学校でこのＴＴ方式の非行防止教室を実施している。[12] さらに二〇一五（平成二七）年からは、実施エリアを県内の全二八警察署管内の小中学校に拡大させ、その本格的な運用が開始されているところである[13]。

以上のように鹿児島県警察では、学校や家庭に居場所がない少年を支援したり、非行問題の専門家としての警察職員を学校に派遣し、学級担任とＴＴで非行防止教室を行ったりと、学校の教育活動を補完・支援するような特色ある少年警察活動を積極的に推進している。チームとしての学校を十全に機能させるうえでは、学校が頼りにすることのできる、生徒指導対応上の良きパートナーとしての外部の関係機関の存在が必要不可欠と考えられることから、こうした鹿児島県警察の取り組みの今後のさらなる発展が期待される。

（二）不登校支援

不登校支援は、鹿児島県が二〇一六（平成二八）年度より『「チーム学校」による不登校対策事業』を開始していることからも分かるように、鹿児島県における「チーム学校施策の中核的なものとして位置づけられている。この事業は、不登校児童生徒に関わる教員や専門能力スタッフなどが、情報共有及び行動連携等を図りながら不登校児童生徒の学校復帰のための支援を行うもので、県内三カ所の中学校が実践校として指定され、その実践校へのスクールカウンセラーの派遣や、専門能力スタッフを交えた校内不登校対策会議の開催などが進められている。これについては、二〇一七（平成二九）年度に同事業の実践校指定を受けた大崎町立大崎中学校の市來氏が、同校の生徒指導主任という立場からその取り組みの詳細を報告している[14]ので、ここでその概要を示しておくことにしたい。

同校では、この事業の開始以前から、原則月一回開催の校内不登校対策委員会を組織していた。その主な参加者は、校長、教頭、生徒指導主任、各学年教育相談係、かけはしサポーター(15)、スクールソーシャルワーカーなどであり、全校体制で不登校対策に取り組んできた。しかしながら十分な成果は得られずに、不登校の生徒数は二〇一五（平成二七）年度に一〇名だったのが二〇一六（平成二八）年度には一七名と、逆に七名の増加となってしまっていたという。そこで同校は、この事業が開始された二〇一七（平成二九）年度においては、従来の校内不登校対策委員会の月一回程度の開催は維持しつつも、これとは別に「『チーム学校』による不登校対策委員会」（同じく月一回程度で別日に開催）を立ち上げて、組織的な対応のさらなる強化を図ることにしたのである。

具体的には、先述した校内不登校対策委員会の参加者のほか、スクールカウンセラーや町役場の児童福祉課職員、さざんかルーム職員(16)、大隅くらし・しごとサポートセンター職員といった不登校支援に係る地域の専門能力スタッフが、この「『チーム学校』による不登校対策委員会」のメンバーとして会議に加わり、不登校生徒の実態把握シートや連携マップの作成・活用などを通じた個々の対応策の検討が進められた。同時に、新規の不登校生徒を生まない取り組みにも注力し、隔週で構成的グループ・エンカウンターやソーシャルスキル・トレーニングを朝の活動に取り入れて、生徒たちの人間関係づくりの機会を充実させるなどしている。こうした取り組みが功を奏して、同校では前年度には一七名存在した不登校生徒は八名にまで減少したことから、同校におけるチームとしての学校による不登校対策は、一定の成果を挙げることができたと言えそうである。

以上のような県指定の不登校対策事業の実践を通して、市來氏はチームとしての学校のメリット、特に専門能力スタッフを交えた不登校対策委員会を開催することのメリットとして、次の三点を挙げている。[17] すなわち、①（実態把握シートや連携マップを活用することで、話し合い内容を具体的な対応策に）絞って検討できるため、いろいろな対応策が出ること、②各関係機関が知り得ている情報が分かり、学校と関係機関の情報が共有でき、より連携を図ることができること、③次回の不登校対策委員会までに、「学校がやること」、「各関係機関がやること」を明確にでき、実施することで、次回に検討・修正ができることである。これらはまさに、学校がチームとして組織的に取り組むことの強みを指摘するもので、不登校対策に限らず他のあらゆる生徒指導対策に共通するものと言える。そのため、こうしたチームとしての学校施策は、鹿児島県の現状としては、事業化しているものは不登校対策のみであり、それも一部の指定校に限定されているものの、今後は理想としては県内全ての学校で、かつ子どもの教育的・福祉的・医療的・法的な様々なニーズに対応すべく、さらなる事業拡大が切に求められるところである。

もちろん、先に紹介した学校警察連携の諸実践のように、既に学校と関係機関との連携の枠組みはそれぞれ一定程度存在するのだが、そうした既存の連携の枠組みを補完・発展させる形で、鹿児島県での生徒指導連関におけるチームとしての学校施策が、今後よりいっそうの拡充を見せることを期待したい。

〔注〕

（1）この点については、例えば増山均「少年団運動と学校教育：学校外教育の戦前的遺産として」（『日本の社会教育』二二号、一九七八・一〇、東洋館出版社）、五八－七一頁などを参照。

（2）拙稿「戦後我が国における子どもの問題行動等に対する一次予防教育：中学校段階におけるその取り組みの歴史的展開と今後の展望」（『子どもの問題行動防止と健全化育成をめぐる総合的対策の研究報告書：学校内の改善および学校外関係機関とくに警察との連携を中心に』二〇一二・三、早稲田大学教育総合研究所）、六〇－六一頁。さらに、こうした非行防止教室は、とりわけ二〇〇三（平成一一）年一二月に青少年育成推進本部により策定された「青少年育成施策大綱」（旧大綱）で、非行防止施策の一環として実施することが明記され、その取り組みの更なる推進が明確に打ち出されるに至っている。またこれを受けて二〇〇五（平成一七）年一月には、文部科学省と警察庁が合同で「非行防止教室等プログラム事例集」を作成している。同事例集では、非行防止教室の意義や位置づけ等に明確な輪郭が与えられると同時に、各地の先進的な事例や実践が取りまとめられ、全国の学校及び警察署に配布された。

（3）なお、いじめについては、自治体ごとの集計方法にばらつきが大きく、統計比較に馴染まないため、ここでは割愛する。

（4）日本財団、三菱ＵＦＪリサーチ&コンサルティング「子どもの貧困の社会的損失推計：都道府県別推計」（二〇一六・三）、二二－二四頁。

（5）警察庁「平成二九年中における少年の補導及び保護の概況」（二〇一八・八）、一三頁。

（6）鹿児島県警察「平成二九年　少年白書」（二〇一八・五）、三頁。

（7）「少年の居場所づくりを支援：鹿児島市で農業体験教室開き交流」『南日本新聞』二〇一三年六月一

一日、二一頁。

(8)「思春期の後輩を見守る：鹿児島県の大学生少年サポーター最多七五人」『南日本新聞』二〇一六年一二月一日、一九頁。

(9)同上。

(10)TT方式の非行防止教室の詳細については、細山田爽志「学級担任と警察官とのTT(ティーム・ティーチング)による非行防止教室：北海道における取り組みと今後の展望」(『児童扉』一五号、二〇一七・三、鹿児島国際大学児童学会)、四九－五七頁などを参照。

(11)石川正興編著『子どもを犯罪から守るための多機関連携の現状と課題：北九州市・札幌市・横浜市の三政令市における機関連携をもとに』(二〇一三・六、成文堂)、三二四－三二五頁。

(12)二〇一四(平成二六)年一二月一二日に実施した鹿児島県警察本部少年サポートセンター職員への聞き取り調査より。

(13)「警察官と教師が非行防止授業：凶悪事件を受け、鹿児島県警が開始」『南日本新聞』二〇一五年九月三〇日、一九頁。

(14)市來哲平「不登校改善に向けた取組の実践研究：県指定研究『チーム学校による不登校対策事業』の取組を通して」(『平成二九度　大隅地区教育論文集』二〇一八・三)、一－九頁。

(15)大崎町から同校に派遣されている地域おこし協力隊(一名)で、授業のサポートや生徒の相談対応、学校行事のサポートなどの様々な業務に従事している。

(16)児童養護施設の大隅学舎「つながり」の職員が週一～二回程度、大崎町教育委員会横の一室にボランティアで訪れ、不登校生徒への学習面のサポートを行っている教室のこと。

(17)市來哲平、前掲論文、六頁。

第一〇章　「チームとしての学校」の取り組み（部活動指導）

深田忠徳

一　はじめに

二〇一八（平成三〇）年三月、スポーツ庁は、「運動部活動の在り方に関する総合的なガイドライン」[1]を策定した。その背景には、昨今の「働き方改革」に伴う教員の長時間労働の是正及び部活動におけるさまざまな問題の顕在化がある。そして、このガイドラインに基づいて各都道府県が「部活動の在り方に関する方針」を定めた。

鹿児島県においては、「鹿児島県部活動の在り方に関する方針」[2]が二〇一九（平成三一）年三月に発表された。これを受けて、いよいよ部活動改革がスタートを切り、「ブラック部活動」と揶揄される状況からの脱却が求められていくことになる。

本章では、これまでの部活動における諸問題を概観するとともに、部活動の在り方に関するガイドラインや方針が部活動に及ぼす影響について述べていく。また、「チームとしての学校」における「部活動指導員」の役割についても触れていくこととする。

二　教員の働き方改革と部活動

(一) 教員の長時間労働と部活動時間

「運動部活動の在り方に関する総合的なガイドライン」が策定された背景には、教員の長時間労働の問題が挙げられる。教員の業務内容は多岐にわたり、教員は早朝に出勤して夜まで残業して雑多な業務に従事するという勤務形態が続いてきた。

小学校では、一年生から六年生までの年齢幅のある児童に対応していかなければならない。学級担任制であることから担任として数多くの授業を担当しなければならないし、それぞれの教科に応じた授業準備や教材研究の必要性がある。しかしながら、昼食時間は各クラスの給食指導を行い、休憩時間になれば校庭に出て児童と一緒になって活動している。持久走大会や合唱発表会の行事が間近に迫れば、早朝や放課後に行われる練習に学級担任として指導しなければ（つき合わなければ）ならない。すなわち、児童が在校している間は教員の業務として重要とされる教材研究や授業準備を丹念に行う時間を確保することが困難な状況にあるといえる。

他方、中学校、高等学校は教科担任制である。カリキュラムによって教科ごとの授業時数は異なっているが、早朝や休暇期間にある補習授業を担当することや部活動に顧問として関わらなくてはならない状況にある。

教員は学級担任や教科担任に加えて、校務に関する分掌、特別委員会の委員としての役割や業務を担っている。校務分掌は、学校の実情に応じて異なっているが、多くの学校では、「教務部、生徒指導部、研究部、管理部、渉外部」などの部会が設置されており、各担当の主任を中心にして各部に属する教員が組織として担当業務を遂行している。

また、特別委員会では、「学校保健委員会、防災委員会、食育推進委員会、いじめ防止対策委員会」など、管理職と関係教職員で構成される組織において業務などを分担している。ただし、分掌を細分化している学校や多くの委員会を設置している学校では、一人の教員が複数の委員会に属したり、多くの業務を担当したりしなければならない状況であり、教員の長時間労働は大きな問題といえる。

教員の長時間労働が深刻な問題として顕在化したのは、二〇一七（平成二九）年四月に文部科学省（以下、「文科省」とする）が「教員勤務実態調査」の結果を公表したことがきっかけであった。そこでは、「中学校教員の六割が、小学校教員の三割が概ね月八〇時間超の時間外労働が目安の『過労死ライン』を上回った[3]」とする衝撃的な結果が報告された。また、「教員勤務実態調査（平成二八年度）の分析結果及び確定値の公表について（概要）[4]」では、その詳細が記されている。

表1は、「教諭の平均的な勤務の状況」を示したものである。小学校、中学校ともに退勤時刻は一九時を過ぎているし、一日当たりの学内勤務時間は一一時間を超える。まさに、教員の労働環境は過酷な状況にあるということが理解できる。こうした状況を鑑み、東京都は二〇一八年二月より「在校時間六〇時間超の教員ゼロ」を目標に掲げ対策を講じてきた。しかしながら、依然として公

表１　教諭の平均的な勤務の状況

		小学校	中学校
定められている勤務時間・終了時刻		8:15〜16:45	
出勤・退勤時刻の平均	（平均年齢41．1歳）	7:30〜19:01	7:27〜19:19
1日当たりの学内勤務時間		11時間15分	11時間32分
教員の1年間当たりの有給休暇の平均取得日数		11.6日	8.8日

出典：文部科学省、教員勤務実態調査（平成28年度）の分析結果及び確定値の公表について（概要）を加工して作成

立中学校で約五割、小学校で約四割の教員が「過労死ライン」を超える勤務状況である。(5)

長時間労働の要因としては、「①若手教師の増加、②総授業時間数の増加、③中学校における部活動指導時間の増加」が挙げられる。(6)「教員勤務実態調査（平成二八年度）」には、部活動時間に関する結果についても提示されている。そのなかで、とりわけ注目すべき点は、週末の土日における中学校の部活動時間の増加である。二〇〇六（平成一八）年度の調査では、「一時間六分」だったのに対して、二〇一六（平成二八）年度には「二時間九分」と一〇年前と比較して「一時間三分」もの時間増加が見受けられる。

二〇一七（平成二九）年のスポーツ庁による全国調査によれば、公立中学校の活動では「平日五日間」の休みなしが五二％、土曜は原則「毎週活動」が六九％にものぼり、さらに「全教員が原則顧問」としているのが六割もある。(7)教員の長時間労働という深刻な状況を招く要因の一つに部活動時間の増加が挙げられ、そのことが教員をさらに疲弊させていくことにつながっている。

（二）部活動問題

こうした状況に声を上げたのは、他でもない現職の教員たちであった。教員自らがＳＮＳ上で日々の過酷な長時間労働について訴えた。部活動の顧問が強制であることを問題視して、全国の教員仲間六名が、「部活動問題対策プロジェクト」を立ち上げた。

そこでは、インターネットを利用して、「①教諭に対する顧問の強制、②生徒に対する入部の強制、③採用試験で部活顧問の可否を質問すること」に反対する署名活動を行い、二〇一八（平成三〇）年九月時点で六万人の署名が集まっている[8]。これだけ多くの教員が、部活動に対して疑問を抱き、部活に割く時間や部員の保護者対応なども含めて部活動顧問としての業務を苦痛に感じている。

教員は競技経験のない部活動顧問を担当することもある。二〇一四（平成二六）年に公表された公益財団法人日本体育協会「学校運動部活動指導者の実態に関する調査」によれば、運動部活動の指導者において、保健体育以外の教科担当であり指導する部活動の競技経験のない教員が、中学校で四五・九％、高校で四〇・九％担当しているのが現状である[9]。

二〇数年前になるが、筆者も部活動生として毎日サッカー競技に打ち込んでいた時期があった。地元の少年団チームに所属して九州大会を準優勝したメンバーでそのまま中学校に進学したが、残念ながらサッカー部が存在せず同好会で活動した。二年次になりサッカー部が発足したが、顧問は女子バレーボール部の教員であった。女子バレー部が練習している体育館の隅のほうで、長時間スライディングのみの練習をした（させられた）ことを鮮明に記憶している。

部活動を取り巻く状況は、一方で児童・生徒からすれば、やりたい種目の部活動が設置されていないこと、理不尽ともいえる指導や長時間の練習が課せられることなどの問題が挙げられる。他方、教員の立場からすれば、連日の長時間に及ぶ時間的拘束に加え、競技経験のない部活動顧問の強制やさらには顧問のかけもちなどの問題が内在する。「顧問の強制」が強いられる要因については、部活動が学校教育の一環として位置づけられていることに起因する。

中学校学習指導要領（平成二九年告示）では、「生徒の自主的、自発的な参加により行われる部活動については、スポーツや文化、科学等に親しませ、学習意欲の向上や責任感、連帯感の涵（かん）養等、学校教育が目指す資質・能力の育成に資するものであり、学校教育の一環として、教育課程との関連が図られるよう留意すること[10]」と記されている。

すなわち、部活動は教育課程における授業や学校行事等とは区別されるが、学校教育の一環としてみなされるのである。本質的には「生徒の自主的・自発的な活動」であるものが、「学校教育における部活動」という位置づけによって、教員に部活動顧問が強制的に任命されるのである。

二〇一七（平成二九）年に野村駿ら（二〇一八）が実施した全国調査によれば、「あなたは来年度、部活動の顧問をしたいですか」の質問に対して、「したい」と回答した教員は五二・一％であった。そのことから「約半数の教員は、来年度部活動の顧問をしたくないと答えている」と結論づける[11]。平日も部活動が終了してから職員室に戻って残りの業務をこなさなければならない環境や土日の練習試合の帯同など、部活動を苦痛に感じ顧問を継続したくないと考える教員が多く存在することが明らかになった。

一方で、約半数の教員は部活動顧問の継続に肯定的な意見を示している。そのなかには、「部活動に熱心な先生」も含まれるであろう。児童・生徒と一緒になって活動し、指導に情熱を注ぐ分だけ児童・生徒の競技力が向上して試合にも勝利していく。試合で勝つ喜びや楽しさは児童・生徒だけではなく保護者にも波及していく。そして連日の練習や指導によってそこまで導いてくれたとされる教員は感謝されるようになる。保護者が、部活動に一生懸命に取り組む教員を「よい先生」とみなす状況さえある。つまり、教員が部活動にのめり込んでいく環境が創られているのである。

専門競技を有する保健体育の教員が部活動に力を注ぐことは想像に難くない。筆者は、教育学部保健体育科を卒業したが、在学中の仲間との会話では「将来は部活動をもって強豪校に育て上げる」「顧問になって全国優勝する」との声はあったが、「日本一の体育授業をする」という夢を語る者はいなかった。体育教師になることによって、「体育」を教えることよりも「部活動」指導にやりがいを感じている教員も多いのではないだろうか。

部活動に熱心な教員を否定するつもりなど毛頭ない。反対にそうした教員は教育現場において重要な存在であると認識している。筆者自身も現在顧問を務める大学運動部の週四回の朝練習に参加している（もちろん、朝練習の実施は学生らの自発性による）。

教員が部活動に熱心になることで危惧されるのは、部活動の教員が周囲の期待などから勝利至上主義に陥ることや「生徒の自主的、自発的な参加」という部活動の本質を見失ってしまうことから、部活動が過度にヒートアップしたものになることである。長時間のトレーニングや成長期の体を酷使するような練習メニューが課されたり、理不尽ともいえる暴言や暴力がなされたりすることによって、児童・生徒にとって本来的に楽しいはずの部活動が歪められてしまう。

内田良は、教育課程外であるが学校教育内として位置づけられる部活動は「グレーゾーン」にあるとし、そこは「無法地帯」であることを指摘している。(12) 教員にとっても子どもにとっても部活動が苦痛なものになっている現状がある。ゆえに、内田は部活動に関する「持続可能な制度設計」が重要であると訴える。(13)

成長期段階にあることを踏まえた練習日と休息日の日数、練習時間、土日の試合時間や大会日数などの具体的な制度が曖昧であったがゆえに教員の裁量（熱量）によって、各部活動の活動形態が決定されてきた。そうした問題点にようやく国や自治体が動き出した。

（三）部活動改革（部活動ガイドライン）

厚生労働省は、「働き方改革：一億総活躍社会の実現に向けて」の方策として二〇一九年四月より労働時間法制の見直しを図り、残業時間の上限規制を設けた。(14)

文科省は、そうした民間の働き方改革関連法に準じて、公立校教員の長時間労働を是正するために残業時間の上限を「月四五時間、年三六〇時間」以内とする指針を掲げた。(15) さらに、文科省（スポーツ庁）は教員の働き方改革を念頭に置きながら、「部活動ガイドライン」（二〇一八年三月）を作成し全国へ通達した。

ガイドラインには、「週当たり二日以上の休養日」「週末（土曜日曜）は少なくとも一日以上の休養日」「長期休業中における長期の休養期間（オフシーズン）」「一日の活動時間は平日で二時間程度、週末や学校の休業日は三時間程度」と休息日数や練習時間について具体的な指針が示されている[1]。これを踏襲する形で、各都道府県が「運動部活動の在り方に関する方針」を策定し、それを参考にして各市区町村教育委員会や学校法人等の学校の設置者が、「設置する学校に係る運動部活動の方針」を策定することとなる。

鹿児島県においても二〇一九年三月に「鹿児島県部活動の在り方に関する方針」（鹿児島県教育委員会、二〇一九）が発表された。基本的には、スポーツ庁のガイドラインに沿った内容になっている。

そうしたなかで、県独自の取り組みとして、部活動適正化推進検討委員会が中学高校運動部における「運動部活動を持続可能なものにするための五つの提言～『生徒が主人公の運動部活動』～」を発信している。その内容は、「自主性の尊重及び生徒と顧問が共に学び合う関係性構築」「最新の知見を踏まえプレーヤーズセンタードの理念に基づく指導」「生徒の目標達成のための指導」「生徒の人権に配慮し体罰のない指導」「豊かなスポーツライフを実現する資質や能力の育成」などである[2]。

鹿児島県では、そうした「提言」を行っているが、ガイドラインとは別に独自の方針を盛り込んでいる県もある。例えば、「朝練の禁止」「第一もしくは第三日曜の休養日設定」などである[16]。いずれも、子どもたちが自主的な活動を通して楽しむことができる部活動の構築と教員の長時間労働を是正するために、各都道府県にて「部活動の在り方に関する方針」が策定され、部活動に関する具体的な「上限」が設定された。

本制度が確立されることによって「ブラック部活動」からの脱却が期待されるが、その実効性やチェック機能（体制）についての問題もある。肝心なのは教員全体（職員室全体）が足並みを揃えることであり、そのためには個々の教員に本制度の本質的な意図が意識化されることである。練習日数や時間の上限設定が「心肺機能や体力の低下」「大会への調整不足」「競技力向上への悪影響」などをもたらすと不安視する教員もあろう。あるいは、時間的な上限を設定しようともテスト期間に伴う休養日などを換算することで年間の休養日数として帳尻を合わせれば問題ないとする教員もいるだろう。本制度の導入によって、各教員がこれまでの指導内容やコーチング法を見直すきっかけになるような具体的な取り組みや働きかけが各教育委員会には求められよう。

部活動改革に伴って各競技団体が専門的見地から「指導の手引き」を作成している。例えば、「中学校部活動サッカー指導の手引き」[17]「柔道部部活動の指導手引き」[18]「中学校部活動におけるバスケットボール指導の手引き」[19]「中学校部活動における陸上競技指導の手引き」[20]「中学校部活動における剣道指導の手引き」[21]などが発行されており、それらには各競技における指導の留意点、練習計画の立て方、練習内容の事例などの説明が記載されており、部活動顧問の活動をサポートする内容となっている。

部活動改革は、各教育委員会の取り組みだけではなく、各競技団体との連携を図りながら推進していくことも必要であろう。

三　「チームとしての学校」における部活動指導員

(一)「チームとしての学校」の位置づけ

現在の学校教育の現場において、子供を取り巻く状況は刻々と変化してきている。そうした変化に柔軟に対応できるように教員は日々の研鑽を積んでいることであろう。しかしながら、教員は多様な特性をもった児童・生徒に対する教育や保護者・地域住民が教員へ業務以上のことを求めてくることにも対応している現状がある。そうした複雑化する教育現場をより良いものへと改善していくためには、各方面で多様な専門性を有した人材が教育現場に参画していくことが必要である。そのことで、より効果的な教育や組織的な学校運営がもたらされると考えられる。

中央教育審議会（以下、「中教審」とする）は、「学校という場において子供が成長していく上で、教員に加えて、多様な価値観や経験を持った大人と接したり、議論したりすることは、より厚みのある経験を積むことができ、本当の意味での『生きる力』を定着させることにつながる。そのためにも、『チームとしての学校』が求められている」[22]と提言する。

「定額働かせ放題」と評される教員の勤務形態は、学校現場において児童・生徒に総合的な教育を行うだけでなく、それぞれの事案に応じて特別な配慮や個別対応を強いることもある。その際限のない業務形態により教員には長時間労働が課せられる。こうした状況から脱却するためには、校長が率先して学校のマネジメントを強化していき、各教員が個別に教育活動に取り組む形態から学校全体として教育活動に取り組んでいくような組織的体制を整備して構築していくことが必要であろう。そこでは、学校や教員が心理や福祉、スポーツ等の専門スタッフや専門的機関と連携していくことで学校の組織的な機能をより強化していくことが可能となる（図1を参照）。

こうした「チームとしての学校」の体制整備によって、「教職員一人一人が、自らの専門性を発揮するとともに、専門スタッフ等の参画を得て、課題の解決に求められる専門性や経験を補い、子供たちの教育活動を充実していくことが期待できる[22]」のである。

すなわち、複雑化する学校教育

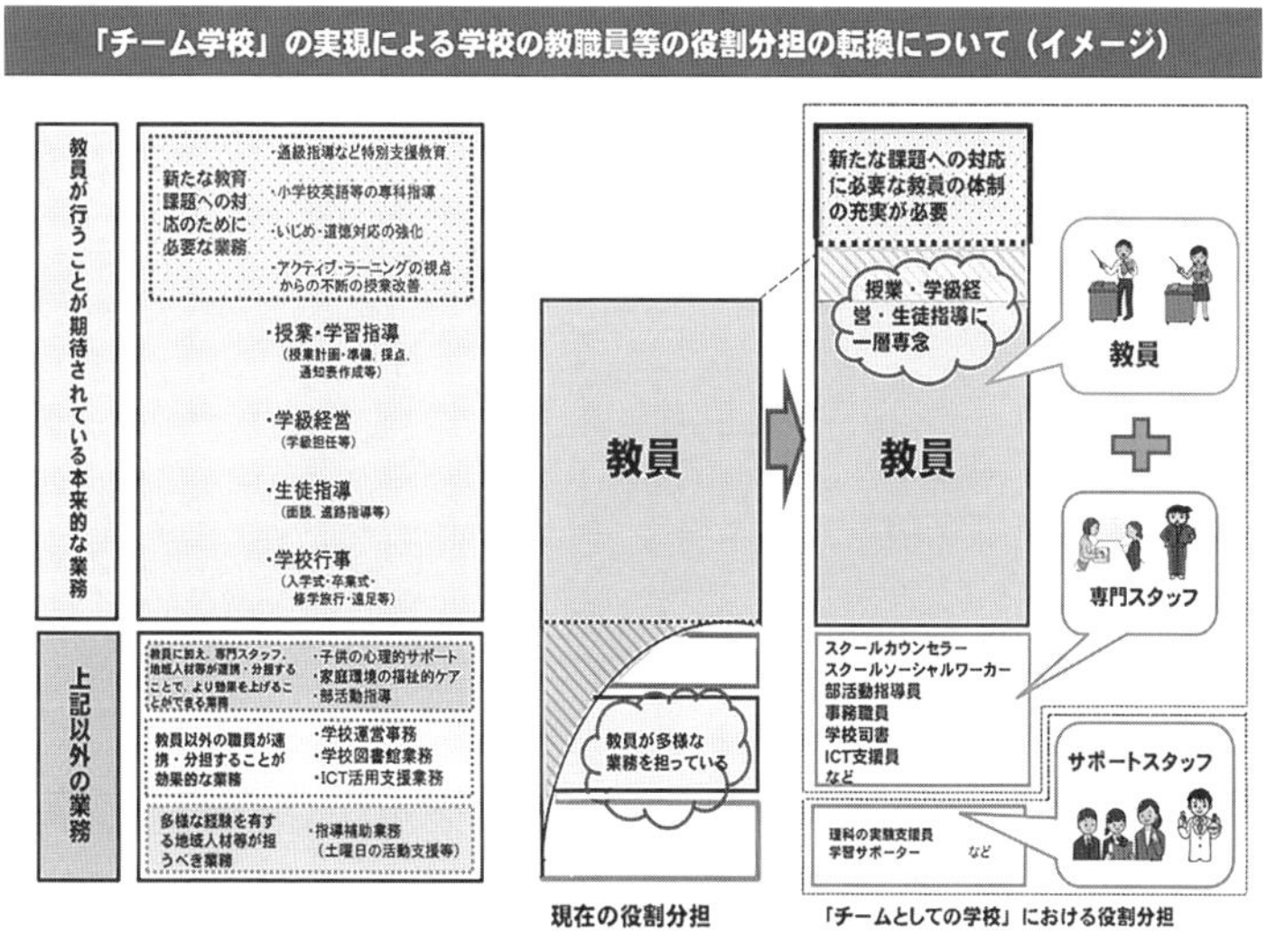

図１　「チーム学校」による教職員等の役割分担の転換（イメージ）

出典：文部科学省、チームとしての学校の在り方と今後の改善方策について（答申）p. 26

の現場において多様な専門性を有する専門スタッフの参画が子供たちに「厚みのなる経験」をもたらすだけではなく、さまざまな課題解決に向けて教員の「専門性や経験を補う」ことにより授業や学級経営、生徒指導などの「教育活動を充実していくこと」に寄与するのである。

（二）「チームとしての学校」における「部活動指導員」

「チームとしての学校」における「専門スタッフ」は、さまざまな分野において専門的かつ高度な能力や経験を生かして、学校現場の教職員と連携していきながら、子供たちのためにより充実した指導を行っていく人材である。

学校の規模や特色を踏まえながら学校全体の状況に関心を持ちつつ、子供たちとの関わりをもつなかで、教員の職務や役割を理解して積極的にコミュニケーションを図りながら、その場に応じて適切な業務を遂行できる人材が望ましい。そうした学校の職員としての専門スタッフの配置を充実させることで「チームとしての学校」が確立されていく。

「チームとしての学校」の専門スタッフには、「部活動指導員」が含まれている。二〇一七（平成二九）年には、「部活動指導員の制度化」が策定された。これまでも部活動には、「外部指導者」が配置され顧問教員と連携しながら、部活動のコーチとして技術指導を行ってきた。

しかしながら、「部活動指導員」は、部活動の技術指導に従事するだけではなく、学校外での競技会や大会、練習試合等の引率等を職務として担うことができる。さらに、学校によっては、校長から部活動顧問として任命される。これまでの「外部指導者」とは異なり、「部活動指導員」にはその身分や権限、勤務形態などの必要事項が定められており、責任ある立場として業務に従事することが求められるようになる。そのため、「部活動指導員」に対する研修会も実施される。事前研修の他に定期的な研修に参加することとなる。部活動指導員には、研修を通して、「部活動が学校教育の一環であることなど部活動の位置付けと教育的意義、生徒の発達の段階に応じた科学的な指導、生徒の人格を傷つける言動や体罰の禁止等[7]」について理解を深めていくことが求められる。

表2は、全国の部活動指導員配置予定一覧（二〇一八（平成三〇）年二月一五日時点）である。二〇一七（平成二九）年に制度化された「部活動指導員」は、全国で展開されており、大多数の自治体が「配置予定」であることが分かる。

自治体によっては、二〇一八年度における配置予定人数を具体的に示している。ただ、実行に移せず検討中であるところも見受けられる。配置予定である自治体の指導員の身分をみれば、「非常勤職員」が最も多く、報酬の単価も一六〇〇円と国に準じた報酬額が提示されている。

勤務予定日数は、一六八日間（週四日×年四二週）もしくは一〇五日間（週三回×年三五週）が多くの自治体で採用されている。また、各自治体によって部活指導員に求める取得資格や要件は異なっている（表3）。

教員免許や日本スポーツ協会公認資格を必須とするところや、これまでに指導経験を有する者、もしくは校長の推薦という要件が定められた自治体がある。なかには、「資格要件を設けるつもりなし」という県もあり、全国的な統一性は見られない。各自治体が独自の基準で人材を確保していくのが現状である。

表２　部活動指導員配置予定（公立中学校）

No.	都道府県	配置予定	配置予定人数				指導員の身分	報酬単価	勤務予定日数	
			2018年度	2019年度	2020年度	2021年度		(円/時)	年間日数	積算
1	北海道	○	未定	未定	未定	未定	非常勤職員	未定	未定	未定
2	青森県	×								
3	岩手県	○	15	86	未定	未定	非常勤職員	1,600	168	週4日×年42週
4	宮城県	○	15	86	未定	未定	非常勤職員	1,600	105	週3日×年35週
5	秋田県	未定								
6	山形県	○	49	98	未定	未定	非常勤嘱託職員	1,600	105	週3日×年35週
7	福島県	○	55	55	55	55	非常勤職員	1,600	168	週4日×年42週
8	茨城県	○	8	未定	未定	未定	非常勤職員	1,600	105	週3日×年35週
9	栃木県	×								
10	群馬県	○	39	40	40	41	非常勤職員	1,600	105	週6時間×35週
11	埼玉県	○	69	69	69	69	非常勤職員	1,600	168	週8時間×42週
12	千葉県	○	30				市町村による	1,590	105	週3日×年35週
13	東京都	○	検討中	検討中	検討中	検討中	検討中	検討中	検討中	検討中
14	神奈川県									
15	新潟県	検討中								
16	富山県	○	38	38	38	38	非常勤職員	1,600	105	週3日×年35週
17	石川県	○	45	検討中	検討中	検討中	非常勤職員	1,600	105	週3日×年35週
18	福井県	○	74	74	74	74	非常勤職員	1,600	225	週5日×年45週
19	山梨県	○	30	30	30	30	非常勤職員	1,600	105	週3日×年35週
20	長野県	○	138	140	140	140	非常勤職員	1,600	168	週4日×年42週
21	岐阜県	○	100	未定	未定	未定	非常勤職員	1,600	168	週4日×年42週
22	静岡県	○	40	未定	未定	未定	市町村による	1,600	168	週4日×年42週
23	愛知県	○	157	未定	未定	未定	市町村の配置要項等による。※時間当たり報酬補助上限額は、国に準じて1,600円とする。			
24	三重県	○	5	未定	未定	未定	各市町で決定	1,800	140	週4日×年35週
25	滋賀県	○	20	未定	未定	未定	非常勤職員	1,600	105	週3日×年35週
26	京都府	○	50	未定	未定	未定	非常勤職員	1,600	105	週3日×年35週
27	大阪府	○	16	未定	未定	未定	市町村の配置要項等による。※補助上限額は、報酬単価、勤務時間をもとに国に準ずる。			
28	兵庫県	○	126	126	126	未定	未定	1,600	105	週3日×年35週
29	奈良県	○	75	75	75	75	非常勤職員	1,600	168	週4日×年42週
30	和歌山県	○	100	未定	未定	未定	市町村による	1,650	120	週3回×2時間×4週
31	鳥取県	○	28	未定	未定	未定	非常勤職員	1,600	105	週3日×年35週
32	島根県（運動部）	○	17	未定	未定	未定	市町村による	1,600	30～80日	年30日～80日の間で調整
	島根県（文化部）	○	21				未定	1,600	60時間	月5時間×12月
33	岡山県	○	50	未定	未定	未定	市町村による	1,600	105	週3日×年35週
34	広島県	○	12	45	57	57	非常勤職員	1,600	168	週4日×年42週
35	山口県	○	100	125	150	170	非常勤職員	1,600	168	週4日×年42週
36	徳島県	○	24	未定	未定	未定	非常勤職員	1,600	336時間	月28時間×12月
37	香川県	○	28	未定	未定	未定	自治体の非常勤職員	1,600	210時間	2時間×3日×35週
38	愛媛県	○	42	42	42	未定	非常勤職員	1,600	105	週3日×年35週
39	高知県	○	8	未定	未定	未定	市町村の非常勤職員	1,600	182	週5日11時間×35週 8時間×4日（大会引率） 4時間×3日（研修）
40	福岡県	検討中								
41	佐賀県	○	41	未定	未定	未定	非常勤特別職	1,600	105	週3日×年35週
42	長崎県	×								
43	熊本県	○	87	87	87	93	非常勤職員	1,100	215	週5日×年43週
44	大分県	○	60	120	180	未定	非常勤職員	1,600	105	週3日×年35週
45	宮崎県	×								
46	鹿児島県	×								
47	沖縄県	×								

出典：島根県第３回部活動の在り方検討会（平成30年２月15日）資料３－１を加工して作成

表3　部活動指導員の資格・要件等（県立学校での事業実施都道府県）

No.	都道府県	資格の有無	資格・要件等
1	北海道	○	いずれか一つ①教員免許、②スポーツ協会公認指導員、③指導実績、④特に同等とみなされる場合。教員免許保持者を考えていたが、指導者を確保するために、範囲を広げた。
2	岩手県	×	学校と指導者の関係で信頼できれば良い。
3	福島県	○	原則として、教員免許を有するもの。
4	埼玉県	×	非常勤職員としての雇用体系で、地域指導者からの移行も多い。
5	東京都	×	報償費対象の職員で校長の推薦、単独で引率をするので学生は不可としている。高校は職員の位置付けになっていない。検討中の状況。
6	神奈川県	×	校長の推薦。部活動指導1年以上、20歳以上、講習会を受けた者又は教員経験者。
7	石川県	○	何らかの資格（日本スポーツ協会、競技団体資格）を持っている前提で、校長の推薦を受けて任用。
8	静岡県	○	教員免許またはスポーツ人材バンク登録者（県体協委託事業）。 教員免許保有者7名、登録者3名（うち1名は退職教員）。
9	愛知県	○	教員免許。
10	三重県	○	教員免許、学校での指導経験があるもの。
11	大阪府	×	20歳以上（学生を除く）、いずれかの該当者。教員の経験がある、学校の部活動の指導経験、スポーツリーダーで指導経験がある、地域の文化教室での指導経験。
12	奈良県	×	資格要件を設けるつもりなし。
13	和歌山県	×	部活動指導経験のある20歳以上、校長の推薦。
14	鳥取県	×	校長の推薦。
15	山口県	×	校長の推薦。
16	香川県	×	指導経験を有する者。
17	愛媛県	×	部活動指導の実績がある、過去二年間に指導者が全国入賞、指導チームが全国入賞。
18	高知県	×	教員経験または指導経験。
19	福岡県	×	校長の推薦、学校教育に理解のある者、専門性がある者。
20	佐賀県	×	専門性がある者、20歳以上、校長の推薦。資格がある方が望ましいとしている。
21	熊本県	○	教員免許または競技団体の指導資格を有する者。教員免許だけでは人材を確保できないため、幅をもたせた。
22	大分県	×	学校教育に理解があり、学校長の認める者。

出典：島根県第８回部活動の在り方検討会（平成30年10月18日）資料５を加工して作成

（三）部活動指導員制度の課題

部活動指導員制度は、教員の業務負担を軽減し、子供たちの活動における質的向上を目的として導入された。文科省も教員の働き方改革を推進し、教員の負担軽減を図るために、部活動指導員を九〇〇〇人（四五〇〇人増）、教員を支援する「スクール・サポート・スタッフ」を三六〇〇人（六〇〇〇人増）に増やすための予算として約一三五億円（一三億円増）を二〇一九年度予算に計上した。[23]

鹿児島県においても部活動指導員の派遣事業に対して二四二万円を予算計上した。[24] 鹿児島県教育委員会は、「部活動指導員制度」を二〇一九年度より試験的に運用していく予定である。

この先行事例としては、名古屋市が挙げられる。大学生から教員ＯＢまでの幅広い年齢層の約二〇〇名が市立中学へ派遣されて、野球やサッカー、吹奏楽など様々な部活動で活躍している。基本的に各学校が人材を確保して、市教委が面接などを経て臨時職員として採用している。指導は月二〇時間までであるが、二〇一七年度に実施したアンケートでは「教員の負担軽減になった」「子どもの技能向上に貢献した」との肯定的な回答が七割を超えた。[25]

他方で、地方にとっては、経験者の絶対数などを踏まえれば人材確保は大きな難題であろう。九州管内の自治体も指導者確保には苦慮しているようだ。福岡市は、「全校に一人」はと七三名（市立中・高校と同数）を募集した。これまで活動してきた三〇〇人超の外部指導者にも協力要請したが、五月の辞令交付式にまで三九名のみであった。宮崎市は、一〇〇名の外部指導者が存在するが、「責任が重い」と敬遠され、募集自体を行わなかった。佐賀市は一人募集したが、その理由は引き受ける意思がある者が一名だったからである[25]。群馬県では、定年退職する教員を対象に部活動指導員として活動する希望者を募り、そのリストを公立学校や市町村教育委員会と共有して活用を促す方策を打ち立てた。その背景には、「独自に適任者を探すのは難しい」との現場から声があがったからだ[26]。

部活動指導員は、技術指導とともに顧問として大会や練習試合に引率していく。また、部の年間スケジュールやトレーニング指導を計画しながら、会計管理や保護者対応もこなしていく。さらに、部活動内で事故でも起これればその対応に追われるとともにその責任も追及される。時間報酬もおおむね一六〇〇円の週六時間では、専属的に従事するには気が引けるのではなかろうか。専門的な指導への「やりがい」のみを追求するのであれば、「外部指導者でじゅうぶんである」という声も聞こえてきそうである。

そもそも市町村の非常勤職員としての勤務形態であるため、フルタイムの仕事がある会社員や公務員は当初よりその担い手として該当しないため部活動指導員として対応できる人材は限定される。また、人材確保が難航したために、京都府はこれまでの「教員免許の有資格者」から「教員免許を有していることが望ましい」と条件を緩和することで対応していくこととなった[27]。これでは、経験豊富で高度な専門性を有した人材による指導によって教育の質的向上をねらいとした制度そのものが後退しているように感じられてならない。

鹿児島県教育委員会が二〇一八（平成三〇）年六月に実施した調査によれば、部活動指導員の配置を約六割の学校が希望している[28]。部活動指導員の制度拡充には大きな課題が残るといえよう。

まとめ

文科省は部活動への外部指導員の導入により「一人当たり年一六〇時間の縮減[6]」が可能と具体的数値を示しているが、その実効性には疑念を抱かざるを得ない。専門性に優れ指導力のある部活動指導員を必要とするところへ適切に配置できるか課題が残るからだ。これでは、教員の長時間労働は改善されない。

「部活動ガイドライン」も具体的な上限が設定されたが、教員全体の意識改革が伴わないことには絵に描いた餅である。部活動改革には今後もさまざまな工夫が必要であろう。スポーツ指導を地域クラブで担う取り組みや熱心な顧問が地域クラブの指導者として兼業できる体制づくり、ＩＴを活用した遠隔指導など新たな改革に期待したい。

二〇二〇年には、「東京オリンピック・パラリンピック競技大会」が開催される。そして同年、鹿児島県では四八年ぶりの開催となる「第七五回国民体育大会―燃ゆる感動かごしま国体―」が控えている。国民や鹿児島県民のスポーツに対する関心は、さらに高まりをみせるであろう。そのスポーツ熱を一過性のものとせず、永続的なものとして次世代につなげていくことが肝要である。

これまでわが国におけるスポーツの発展に部活動が大きく寄与してきたことは言うまでもない。しかしながら、多くの問題が顕在化してきたことにより、「ブラック部活動」と評されるようになった。そして今、教員の働き方改革に付随して部活動に関するさまざまな制度化が始まり、まさに部活動は転換期を迎えている。

時代は「平成」から「令和」へと移った。首相は、新元号決定に、一人ひとりが「それぞれの花を大きく咲かせること」[29]との願いを込めた。

部活動の主役は、児童や生徒である。それをサポートすることが、教員や保護者、地域住民やそしてわれわれ大人全員の役目である。花の芽を摘んだり、萎ませたりしてはならない。それぞれが大きな花を咲かせられるように、「令和」時代の部活動を創造していかなければならない。

〔注〕

（1）スポーツ庁『運動部活動の在り方に関する総合的なガイドライン』二〇一八年三月。

（2）鹿児島県教育委員会『鹿児島県部活動の在り方に関する方針』二〇一九年三月。

（3）南日本新聞、二〇一七年一二月二〇日。

（4）文部科学省『教員勤務実態調査（平成二八年度）の分析結果及び確定値の公表について（概要）』二〇一八年九月二七日。

（5）朝日新聞、二〇一九年二月二一日。

（6）中央教育審議会『新しい時代の教育に向けた持続可能な学校指導・運営体制の構築のための学校における働き方改革に関する総合的な方策について（答申）』（第二一三号）、二〇一九年一月二五日。

（7）スポーツ庁『部活動指導員の概要、運動部活動の在り方に関する総合的なガイドライン作成検討会議（第一回）配付資料四』二〇一七年五月。

（8）西日本新聞、二〇一八年九月二〇日。
（9）公益財団法人日本体育協会『学校運動部活動指導者の実態に関する調査（概要版）』二〇一四年七月。
（10）文部科学省『中学校学習指導要領（平成二九年告示）』二〇一七年、二七頁。
（11）野村駿「働き方・部活動における意識の分化」内田良・上地香杜・加藤一晃・野村駿・太田都知彩『調査報告学校部活動と働き方改革』二〇一八、岩波書店、二八頁。
（12）内田良『ブラック部活動』二〇一七、東洋館出版社、二九–三〇頁。
（13）南日本新聞、二〇一八年三月七日。
（14）厚生労働省『働き方改革〜一億総活躍社会の実現に向けて（パンフレット）』二〇一九年四月。
（15）南日本新聞、二〇一九年一月二六日。
（16）朝日新聞、二〇一八年七月一日。
（17）公益財団法人日本サッカー協会『中学校部活動サッカー指導の手引き』二〇一八年七月。
（18）公益財団法人全日本柔道連盟『柔道部部活動の指導手引き』二〇一八年八月。
（19）公益財団法人日本バスケットボール協会『中学校部活動におけるバスケットボール指導の手引き』二〇一八年一〇月。
（20）公益財団法人日本陸上競技連盟『中学校部活動における陸上競技指導の手引き』二〇一八年一二月。
（21）一般財団法人全日本剣道連盟『中学校部活動における剣道指導の手引き』二〇一九年三月。
（22）中央教育審議会『チームとしての学校の在り方と今後の改善方策について（答申）』二〇一五年一二月二一日。
（23）朝日新聞、二〇一八年一二月一四日。
（24）南日本新聞、二〇一九年二月九日。

(25) 朝日新聞、二〇一八年八月二七日。
(26) 読売新聞、二〇一九年二月一九日。
(27) 朝日新聞、二〇一八年一二月六日。
(28) 南日本新聞、二〇一八年八月三〇日。
(29) 朝日新聞、二〇一九年四月二日。

終　章　人口減少社会・鹿児島の教育のゆくえ
―予測困難な時代の教育のあり方―

栗原真孝

本章の目的は、人口減少社会が進行する中で、鹿児島の学校教育の今後のあり方を考察することである。

本書のこれまでの分析や考察を踏まえて、ここではいくつかの視点から考える。まず鹿児島県の学力観を問い直した上で、子どもたちの現実を見つめなおす。次に、人口減少社会が進む中で、小中学校の統廃合および高校再編から見えてくるものについて考える。最後に、学校教育を通してどのような力を育めばよいのかを検討した上で、鹿児島県の学校教育の今後のあり方を考察する。

一　学力観を問い直す

二〇〇〇年以降の教育政策は、国際学力調査などの国際的な動向の影響を強く受けており、日本における学力のあり方が変化してきている。二一世紀型学力の育成が求められるようになっており、「学力のグローバルスタンダード化」と言っても過言ではない状況が生じている。国際学力調査の結果は日本の教育政策に影響を与えるだけではなく、鹿児島県の教育政策にも間接的に影響を与えている。その一方で、ここで立ち止まり、「学力のグローバルスタンダード化」に抗うことも必要である。教育という営みについて原点に帰って考察することが必要なのではないだろうか。

教育という営みは人間形成の営みである。教育には、基礎学力など子どもたちに身につけさせる様々な重要な役割がある。ただし、教育が人間形成の営みであることを考えると、教育の出発点を子どもたち（学習者）に置くことが重要であろう。確かに、子どもたちを取り巻く環境については変化が激しく、「予測困難な時代」へと突入したと言える。このため、子どもたちに求められているものは非常に高度化していると言えるだろう。その上で、現代の教育政策は出発点を「時代の変化」に置く側面は強いのに対して、出発点を「子どもたちの現実」に置く側面は弱いのではないだろうか。

そのひとつの例が鹿児島市内の公立小中学校のホームページである。鹿児島市内の小中学校のホームページを見てみると、全国学力調査の結果を公表している学校がある。このことは、全国学力調査の結果が過度に重要視されている典型例であると言える。確かに学校が子どもたちに学力を身につけさせることは学校教育のひとつの役割であり、学力調査で高い平均点を出すことに越したことはない。ただし、義務教育段階の学校は子どもたちに学力調査で高い平均点をとらせるよりも、子どもたち一人ひとりに基礎学力をしっかり身につけさせることの方が重要であり、各学校が学校全体として高い平均点をとることが重要なのではない。もし公表するとしたら、基礎学力を児童生徒全員に身につけさせていることを証明するデータであり、全国学力調査の平均点ではないはずである。現状では「学力＝学力調査での点数」となってしまっている側面がある。こうした実態を見ると、小中学校では「教育の質の平等」を目指しているようで、全国学力調査によって教育が「訓練」になってしまっている側面があるのではないだろうか。この方向で進めば進むほど、それぞれの学校のオリジナリティが失われてしまうことが危惧される。教育の質の平等を目指し、子どもたちが進路を実現できるようにしていくことが重要である。教育の質の平等については、白石裕によれば、「すべての子どもに一定のミニマムな教育を保障し、それにより子どもが将来、民主社会において政治的、経済的、社会的に役割をはたすことができる資質を育成する、主にアウトプット（学校の直接的成果）、あるいはアウトカム（将来を見越した成果）といわれる面における平等を指す[1]」という。鹿児島県の義務教育政策は、平均点ではなく、児童生徒全員の学びの成果にもっと向き合うことが求められている。

そもそも、こうした問題の元を辿ると、県レベルの教育政策に突き当たる。鹿児島県の公立小中学校では二〇一五年度以降、県レベルで土曜授業が週一回導入された。鹿児島県教育委員会は、土曜授業に関する通知のなかで以下のような考え方を示している。

本県の児童生徒の土曜日の過ごし方においても課題が見られ、改善が望まれる状況もあります。また、本県児童生徒はこれまでの諸調査の結果等から、思考力・判断力・表現力等の知識の活用の側面に課題があることが明らかになりました。教育に関しては、地域的・経済的要因による学力の差が生じないように努める責務があります。これらの状況を踏まえ、県教委としては学力向上をはじめとする教育課題に対応し、児童生徒一人一人の生きる力の育成を目指す

ために、土曜授業を含めた教育課程全体の見直しは有意義であると考えています。(2)

土曜授業の導入という教育政策については、ひとつのきっかけは全国学力調査の結果であった。このことは二つの意味で課題がある。二〇一四年度の結果を見ると、鹿児島市の結果はある程度よい結果であった（序章参照）。土曜授業導入の理由が全国学力調査の結果などであるとすれば、鹿児島市には土曜授業を導入する必要がなくなるのである。この点にこれまでの鹿児島県の教育政策が学力をはじめとする地域間の違いにあまり対応せず、県レベルで「共通」の政策を過度に講じてきたという課題がある。もちろん共通の政策を講じることは必要であり、鹿児島県の教員配置の方法についてはよい面の典型例であると言える。しかしながら、鹿児島県の教育政策では、共通の政策を講じるという側面が強すぎるのではないだろうか。この結果として生じたのが土曜授業の県レベルでの導入という問題であり、土曜授業の導入は鹿児島県の教育政策の課題を露呈させたと言える。

また、「本県の児童生徒の土曜日の過ごし方においても課題が見られ、改善が望まれる状況もあります」と述べられているものの、以前の子どもたちは有意義に過ごせていたのだろうか。鹿児島県の新世紀カリキュラム審議会の答申（二〇〇一年）では、以下のように明記されていた。

子供たちをめぐっては、生活体験・自然体験等の様々な直接体験の不足が指摘されている。学校における体験的な学習の充実は大切なことであるが、限られた授業時数の中では自ずと限界がある。家庭にあっては、子供たちの体験不足を補う意図的な努力が求められる。地域社会においては、子供たちの異年齢集団による体験活動の場としての重要性を再認識し、その教育の活性化を図っていかなければならない。

学校週五日制の下、学校は、自らの責任を果たしつつ、家庭や地域社会が教育上の適切な役割を果たすよう働きかけ、積極的に協力していく必要があるが、このことは『心の教育』を進める上で特に留意しなければならない。本県の休日の過ごし方に関する調査（小・中・高校生対象）によれば、外で遊ばずに家でテレビを見たり、ぼんやり過ごしたりする者が相当いる一方で、地域活動への参加状況や参加意欲が芳しくない。こうした傾向は学年が上がるにつれて総じて顕著になってくる。これらの結果も、学校から家庭等への働きかけの大切さを示唆していると言えよう(3)。

このように二〇〇〇年代初めの新世紀カリキュラム審議会の答申では、子どもたちの休みの日の過ごし方に対する問題認識がすでに示されていた。鹿児島県教育委員会が二〇〇〇年に実施した「子どもの休日の過ごし方に関する実態調査」の結果を見ると、土曜日ではなく休日について尋ねているものの、「何もしないでぼんやり過ごす子ども」の割合は、小学二年生が二三・二%、小学四年生が二三・四%、小学六年生が二七・一%、中学二年生が三八・八%、高校二年生が四六・五%であった(4)。こうしたことから、以前の子どもたちも学校が休みの日を有意義に過ごしていたとは必ずしも言えない。そもそも、課題がない土曜日の過ごし方とはどのような過ごし方なのだろうか。子どもだけに「有意義な過ごし方」を求めていないだろうか。こうしたことからも、土曜授業という政策は学力の課題の原因を子どもたちに求めたと言わざるを得ない。ＰＩＳＡ調査の国際比較では、たとえ学習時間が多かったとしても、必ずしも高い成績を収めるわけではないことがわかっており、(5)教育の質をいかに高めていくかが重要である。

例えば、土曜授業の導入以外の政策として、教師が決められた時間の中で子どもたちに学力を身につけさせる努力をする、その方向をしっかり示す必要があったのではないだろうか。なぜ教師の教育力の向上を第一の課題としなかったのだろうか。土曜授業を導入する前に、教師の研修を充実することが重要であった。また、児童生徒への個別対応に力を入れる政策を講じることもできただろう。

二　子どもたちの現実

学校教育は、時代の変化には対応しようとするものの、子どもたちの変化には対応しようとしているのだろうか。

時代だけではなく、子どもたちも変化している。例えば、不登校の児童生徒数が増加している。鹿児島県の不登校の中学生数（公立）については、二〇一七年は一三六九人である。二〇〇〇年と比べると全中学生数は約二万人が減少している中で、二〇〇〇年の不登校の中学生数は一二七六人だったため、全中学生数が減少しているにもかかわらず、不登校の中学生数は増加していることがわかる。[6]現在、鹿児島県においては、一中学校（公立）あたりの平均の生徒数は一八八・九人であるため、[7]中学校七校分にあたる人数が不登校の状態にあるということである。不登校の理由は様々ではあるものの、学校教育の環境もひとつの理由になっているだろう。鹿児島県の教育政策は、中学校七校分にあたる人数が不登校の状態にあるということに向き合っていく必要がある。

鹿児島県では、スクールカウンセラーの配置が進められている。こうした政策の方向性は重要であるものの、教師が子どもたちに向き合っていく環境、スクールカウンセラーなどと打合せができる時間もつくっていくことが重要である。その上で、教師とスクールカウンセラーなどが連携し、学校を子どもたちにとって居心地がよい場所にしていかないといけない。

近年、発達障害がある子どもが増えてきていることが指摘されている。文部科学省初等中等教育局特別支援教育課の調査結果（「通常の学級に在籍する発達障害の可能性のある特別な教育的支援を必要とする児童生徒に関する調査」（二〇一二年））を見ると、知的発達に遅れはないものの、学習面または行動面で著しい困難を示すとされた小中学生の割合は六・五％であった。[8]四〇人学級で考えると、二～三人があてはまるということである。

こうしたことを受けて、教師に対しては特別支援教育の力量が求められるようになってきている。しかしながら、この方向性は教師に様々な力量を求め過ぎている可能性があり、教師の負担の増大につながりかねない。発達障害ある子どもの増加に対しては、第八章で取り上げたシンガポールの事例のように、教育政策は特別教育支援員などの人員を増やすことで対応することが求められていると考えられる。

子どもたちの通塾率については、二〇〇〇年度のデータを見ると、鹿児島県の小学六年生の通塾率は一八・六％であり、中学三年生は三八・七％であった[9]。単純には比較できないものの、二〇一六年の全国学力・学習状況調査において、「学習塾（家庭教師を含む）で勉強している」と回答した割合（鹿児島県）は、小学六年生が三二・五％、中学三年生が四四・六％であった。こうしたデータを踏まえると、鹿児島の子どもたちの通塾率は上がってきていると考えられる。その上で、塾に通っている子どもと通っていない子どもの間で違いが生じる可能性があり、この点への対応も求められている。

また、第四章および第五章では郷土教育について取り上げた。その上で、郷土鹿児島の歴史・文化への関心の有無を尋ねた結果（鹿児島県教育委員会が一九九九年に実施した「児童生徒の生活実態・社会意識に関する調査」）を見ると、関心がある割合は（「とても関心がある」＋「少し関心がある」）、小学五年生が六〇・二％、中学二年生が三八・四％、高校二年生が三〇・三％であった[10]。このデータは若干古いものの、それまでも歴史・文化に関する教育については、力を入れて実践されてきたはずである。しかしながら、こうした状況ということは、鹿児島県の歴史・文化の教育のあり方については、再考が必要と言える。

こうした中で、教育の出発点をもっと子どもたちに置く必要がある。その上で、沢柳政太郎が「教育の全体は教師である」と論じているように、教育の全体である教師が子どもたちに向き合っていくことが何よりも重要であると考えられる。子ども一人ひとりの個性や考え方に耳を傾け、教師が適切な方法で子どもたちを導いていくことが求められているのではないだろうか。

このように考えていくと、第八章から第一〇章で取り上げた「チームとしての学校」という考え方を進めていく必要がある。子どもたちの現実に教師と他の専門家が向き合える環境をつくっていくために、現在の制度では市町村費負担教員を雇うこともできるため、鹿児島県の教育政策はこうした仕組みを活用し、教員と他の専門家を増やし、子どもたちに向き合える環境をつくっていくことが求められている。

三　人口減少社会と学校教育

鹿児島県では、一九六〇年代後半の児童生徒数の減少を受けて、小中学校の統廃合が進められてきた。高等学校については二〇〇〇年代以降に本格的な再編の動きが進められてきた。小中学校の統廃合および高等学校の再編を通して、どのようなことが見えてきたのだろうか。

高校については、高校の存廃は地域の盛衰とリンクしているため、昨今は市町村長が県立高校の存廃に積極的に関わり、県立高校の再編を阻止しようとする状況が生まれている。現在は鹿児島県と地元自治体の動きの中で、実態を静観する段階に入ったと言えるだろう。

高校再編の動きを通して見えてくるのは、今後の社会の中で高校教育はどのようにあるべきかを問う視点や議論が欠けていることである。二〇〇〇年以降の高校再編については、生徒数が減少した高校のみが検討の主な対象となり、それぞれの高校をどのようにしていくかが検討され、全体として高校教育がどうあるべきかを検討する視点が欠けていた。極端な言い方をすれば、人が集まっていれば、その学校は検討されないという「ルール」になってしまっているのである。

人口減少社会では人が集まるところが評価され、人が集まらないところは評価されない傾向がある。このため、物事を根本から考えるということが十分になされないのである。市町村長は地元の県立高校の将来的なあり方を考える上で、地元の意向を第一優先にさせてほしいと主張する。例えば、伊佐市の隈元市長は、「地元の高校をどうしていくかは、県が上から決めるのではなく、基本的には地元に任せて欲しい[11]」と述べている。

こうした構造になっているため、高校教育のあり方を根本から考えるという動きが出てこないのである。「世論」や「地元の意向」の名のもとに、一部の人々の利益しか実現されない結果になってしまうのである。こうした構造では、未来の子どもたちのためにはならないだろう。

高校の適正配置について考える場合、そもそも現在の鹿児島県の都市計画の問題に行き着く。現在の規模が大きく、集住していない各市町村のあり方を前提にして高校の適正配置を考えるのは無理があると言わざるを得ない。まずは大人社会が根本的な課題である、それぞれの市町村の都市計画のあり方に向き合わなければならない。もしこの点をこれまでのように「保留」にするならば、高校の適正配置はある程度の生徒数が集まる規模でなされていかざるを得ないだろう。ただし、どちらの選択をしたとしても、現在の大学等進学率には市町村間の格差があるため（序章参照）、県レベルと市町村レベルの両方の教育政策において方策が講じられる必要がある。

鹿児島県の人口減少は、あり方を根本から考えるという側面が弱い鹿児島県の都市計画および教育政策の実態を浮き彫りにしたと言えるだろう。

また、鹿児島県では小中学校の統廃合が進められていく中で、「新しいタイプの学校」が設置されている。例えば、二〇一七年に義務教育学校が南さつま市と出水市に設置された。続いて、二〇一九年には薩摩川内市に設置され、他の自治体においても設置が検討されており、今後も増えていくと考えられる。

こうした中で藤田英典によれば、「小中一貫校と中高一貫校は、〈望ましい学校＝いい学校〉として創設されたから、その創設趣旨の通り〈いい学校〉になってもらうためにも、一般の公立小中学校よりも多くの資源を投入することになる可能性が高く、実際にそうなっている。例えば、平均以上の予算をかけての立派な校舎の建設、教職員の配置や学校予算配分における優遇、教育特区などを利用する場合などに見られる教育課程編成上の規則緩和などを挙げることができるが、これらは事実上の不公平な優遇措置である」という。その上で藤田は「小中一貫は学校統廃合を目的に、中高一貫は入試実績向上の観点から導入される傾向がある」と論じている(12)。

「新しいタイプの学校」は、鹿児島の学校教育の可能性を広げる可能性を持っているだけではなく、新たな課題を生じさせる可能性をも持っている。義務教育学校に通う児童生徒だけが利益を得られるようにしてはならない。義務教育学校の取り組みから得られた知見を全体に還元することが求められている。

四　予測困難な時代の教育―どのような人間形成が求められているか―

ドイツの哲学者のカントが「人間は教育によってはじめて人間となる」と論じたように、教育とは人間形成であり、人の考え方などに大きな影響を与える。

現在の世界の教育政策の方向性については、子どもたちに活用力を中心とする二一世紀型学力を身に付けさせる方向で進められており、「学力のグローバルスタンダード化」とも言える現象が起きている。こうした状況を見てみると、学校教育において未来に対応するための「力量」の形成に重きが置かれる傾向がある。確かに学校教育における力量の形成は重要であるものの、それに偏りすぎているのではないかという懸念が拭えない。

今後の時代は、「予測困難な時代」と設定されている。価値観が多様化し、家族なども多様化している。また、ＡＩなどの科学技術の発展が目まぐるしい。こうした中で求められるのは、人間性の育成ではないだろうか。特に人の気持ちを想像し理解して、共感することである。人の気持ちを理解することは、様々な職業でその基盤となる力量と位置づけることができる。

それでは、どのようにすれば育てられるのだろうか。それは教師が子どもたちに向き合うことで育てられるのではないだろうか。例えば、人には優しさが必要である。それによって他の人の気持ちを理解することができる。それと同時に、強さも必要である。それによって難しい状況を乗り越えることができる。その上で、優しさと強さのバランスをとるためのバランス感覚が求められる。

現在は自己を表現する力や自己実現など、個人の能力や成功を強調する動きが強まっているのではないだろうか。個人の成功を目指すことも重要であるものの、それと同時に他の成功をアシストする力量も重要である。こうしたバランスがとれた人間性を育成していくのが学校である。

価値観の多様化や科学技術の急速な進歩がもたらす予測困難な時代では、今まで以上に難しい選択や決断が求められる。その際に重要なのは、バランス感覚がある人間性である。論理性などはその上で求められるものである。さらに、価値観が多様化する中では、人々が共有できる価値が重要になる。それを育むことが学校教育には求められているのではないだろうか。

教育学者の安彦忠彦は、「『主体（人格）』と『能力（学力）』との関係を考えると、『能力をどう使うかは主体が決める』という点で、『主体』の方が決定的に重要です。たとえ、いかに優れた能力をもった者がいても、その者が人格的に信用できないような者であったら、社会的にはむしろ危険人物になります」。「その意味で、『主体』の中心には道徳性があると思われ、道徳教育は極めて重要であると言ってよいでしょうか。しかし、道徳教育は学校だけで行うべきものではなく、学校の外と協力して行わなければ、その成果が明確に表われないことは、歴史的にも明らかです。この意味で、『主体＝主権者形成』としての『人格形成』を抜きにして、『能力（育成）本位』のみの教育を行うことは絶対に避けなければなりません(13)」と論じている。もし日本の教育政策が現在の方向性で進んだ場合、安彦が懸念するような事態が生じる可能性があるだろう。

今後は人間性がさらに問われる時代になるだろう。予測困難な時代と設定するのであれば、小手先の方法論を教えるのではなく、子どもたちの土台となる部分をしっかり固めることが重要である。そのためには、教師が子どもたちに膝を突き合わせて関わることができる環境づくりが求められているのではないだろうか。教員数を増やすことに加えて、教員が子どもたちに向き合える「時間」をつくることが重要である。二〇二〇年度以降に全国実施される新学習指導要領については、アクティブ・ラーニング、教科としての英語（小学校）、プログラミング教育（小学校）などが導入されるなど、盛り沢山の内容になっており、教員の多忙化がより一層進むことが懸念される。学習指導要領を始めとするカリキュラムについては、世界の高度化・複雑化が進めば進むほど、内容を精選し体系化することが求められる。この点を大人社会が怠っていないだろうか。未来のための力量形成は重要であるものの、まずは教員が子どもたちの人間形成のプロセスに向き合える環境づくりが求められている。

五　鹿児島県の学校教育の今後のあり方

それでは、鹿児島県の教育をどのようにしていけばよいのだろうか。

まずは鹿児島県の学校教育の特性について考えると、例えば鹿児島県教育振興基本計画では、「本県には、教育を大事にする伝統や風土があり、豊かな自然、日本の近代化をリードした歴史、地域に根ざした個性あふれる文化、全国に誇れる農林水産業等の産業、様々な分野で活躍している人材等の教育的資源も豊富です。また、地域全体で子どもたちを育てるという伝統的な地域の教育力も残ってい(14)」るという。また、金城太一は、鹿児島県の小学校について、「伝統校と呼ばれる各学校の校舎には決まって『創立○○周年』と書かれた横断幕が堂々と掲げられています。注目すべきは、この『○○周年』。……切りの良し悪しに関係なく、毎年横断幕の数字を変え、また、周年行事を行い、その学校が刻んできた歴史の重みを子供たちに伝え、母校愛を育んでいるところは鹿児島ならではの特色といえるでしょう。鹿児島のようにほぼ県内全域にわたり横断幕を掲げ学校の歴史と伝統を重んじる学校が存在する例をほかに知りません。さらにいえば○○周年の横断幕と合わせて、校訓を高らかに校舎に掲げている学校も県内各地で見かけます。その中には、薩摩藩時代の郷中教育の教えである『負けるな、うそをつくな、弱い者をいじめるな』や、西郷隆盛の座右の銘とされている『敬天愛人』を校訓に掲げる学校もあります。郷土の偉大な先人たちに守られているような、また、先人に恥じない生き方をしないといけないと戒められているような気さえして思わず背筋が伸びる思いです(15)」と語っている。

その一方で、鹿児島県教育委員会が一九九九年に実施した「『新世紀の学校像』モニター調査」については、大学関係者、県人会、交流教員、PTA、大学生の一〇九名を対象に実施され、鹿児島の学校の改めるべき点として、「国公立大学に偏重した進学指導が行われている」「詰め込み型の受験教育が浸透している」「平等の意味を取り違えた教育が見られる」「自己表現力が弱い」「ボランティア活動、リサイクル活動の取り組みが不足している」「画一的、保守的な教育や行事が多い」「帰宅時間が遅い」「学校行事、生徒会活動等が教員主導で行われている」「クラブ活動は必要か、家庭や地域で過ごす時間的なゆとりが必要である」「制服・標準服は価格が高く、成長の早い子供には不適である」などと指摘されている(16)。

その上で、国レベルの教育政策では、活用力を中心とする、未知の状況にも対応できる能力を育てることが期待されている。アクティブ・ラーニング（主体的で対話的な深い学び）を導入し、身につけさせることが目指されている。しかしながら、こうした能力は教科学習の中だけで育てられるのだろうか。答えは難しいと言わざるを得ない。こうしたことは鹿児島だけではなく、日本全体にあてはまる。

教育哲学者の石堂常世は「人間は、社会に生きながら社会を越える存在者であり、教育の目的は究極的にこの次元までの人間をめざすことにある」[17]と論じている。教育には社会を更新させる独創的な力を子どもたちに身につけさせることも、期待されているのである。また、鹿児島県教育委員会の教育長だった濵里忠宣は、教育のあり方について、「『過去との対話』をきちんとしておくということ、そのことを踏まえて、『未来と対話』し、『未来を創造』していく営みこそが、真の教育といえる」[18]と論じている。確かに鹿児島県の教育大綱には「未来……」と明記されている。しかしながら、未来を創る力を子どもたちに身につけさせるための方策が明確化されていない。教育振興基本計画も同じである。両者をみる限りでは、どのような方策をとっていくのかが見えてこないのである。鹿児島県の学校教育では、前述の教育振興基本計画と金城の指摘に見られるように、鹿児島の歴史や文化を伝えることには力が入れられてきたのに対して、未来を創造するための教育にはあまり力が入れられてこなかったのではないだろうか。教育という営みは、歴史や文化の伝達だけでは十分ではないのである。

それでは、どのようにすればいいのだろうか。教育を真の教育たらしめるものとは何であろうか。石堂と濵里の論を踏まえると、未来を創造するための教育を、アクティブ・ラーニングを通して実践することがひとつの可能性になり得るだろう。大人社会は、子ども観を転換させ、子どもたちに実践の機会を提供していくことが重要である。明確に分ける必要があるのは、子どもたちのみでの活動と大人社会の中に子ども代表として入る活動である。

未来を創造するための教育について考えた場合、まずは子どもたちの参加する権利を積極的に保障していくことがポイントである。この点がこども観の転換である。鹿児島県の学校教育では、子どもたちに多くの体験活動の機会を設けている。例えば、ある自治体では小学生が自治体内の離島に訪問する機会をつくっている。こうした取り組みは、子どもたちの自治体の歴史や地理に対する知識を深めることにつながるとともに、市の一体感を高めることにもつながる。また、鹿児島県の行事において、高校生が学びの成果（歌や演奏）を発表する機会が設けられることもある。こうした体験活動や発表については、アクティブ・ラーニングにつながっていくものの、体験や発表の段階だけではアクティブ・ラーニングとして十分ではない。子どもの「参加」の視点から考えた場合、子どもたちが離島の将来のあり方を考える機会にまで高めていくことが重要であろう。いまの鹿児島の学校教育は、子どもたちに鹿児島の歴史や文化を伝えることには力を入れているものの、子どもたちが新しい歴史や文化を創造する主体に育てようとはしていないのではないだろうか。アクティブ・ラーニングを参加の段階まで高めることが、子どもたちの創造的な力量を育むことにつながっていくだろう。

鹿児島の学校教育の取り組みを見ると、あり方や継続の有無を再考すべき取り組みがあるように

郵便はがき

料金受取人払郵便

鹿児島東局
承認
229

差出有効期間
2026年7月
31日まで

有効期限が
切れましたら
切手を貼って
お出し下さい

892-8790

168

鹿児島市下田町二九二―一

図書出版
南方新社 行

ふりがな 氏　名		年齢　　歳
住　所	郵便番号　　　―	
Eメール		
職業又は 学校名		電話（自宅・職場） （　　）
購入書店名 （所在地）		購入日　　月　日

書名　（　　　　　　　　　　　　　）愛読者カード

本書についてのご感想をおきかせください。また、今後の企画についてのご意見もおきかせください。

本書購入の動機（○で囲んでください）

A　新聞・雑誌で　（　紙・誌名　　　　　　　　）

B　書店で　C　人にすすめられて　D　ダイレクトメールで

E　その他　（　　　　　　　　　　　　　）

購読されている新聞，雑誌名

新聞　（　　　　　　　）　雑誌　（　　　　　　　）

直接購読申込欄

本状でご注文くださいますと、郵便振替用紙と注文書籍をお送りします。内容確認の後、代金を振り込んでください。（送料は無料）	
書名	冊
書名	冊
書名	冊
書名	冊

考えられる。例えば、公立高校では「朝補習」という一時間目の前の時間帯に授業が一般的に行われている。朝補習は基本的に全員が参加する授業になっている。また、「遠行」と呼ばれる行事があり、この行事では長距離を子どもたちが歩く活動になっている。こうした取り組みについては、教師が中心となってではなく、子どもの参加の視点から子どもたちが中心となり、今後のあり方を検討していくことが重要と考えられる。子どもたちを新しい文化を創造する主体に育てるために、実践が重要である。子どもたちが実際に学校という社会の一端を担い、そこで実践をする機会である。どのようなビジョンを描くのか、また、それを実現するためにどのようなプロセスを経るのかなどを考え、実践することで、子どもたちが新しい文化を創造する主体へと近づいていけるのではないだろうか。こうした当事者意識を高めることは、子どもたちが主体的に学ぶ方向に進んでいくだろう。

また、「大人社会」の意思決定に高校生を関わらせていくことも重要である。現在、教育政策においては、コミュニティスクールを増やす方向で進められている。コミュニティスクールは地域や保護者の声を学校経営に反映させる仕組みと言える。また、第六章で見たように伊佐市では市として所在する県立高校のあり方を検討する会議が設置されている。しかしながら、鹿児島県の教育政策では子どもたちの声を反映させようとする動きはあまり見受けられない。例えば、アメリカ合衆国では、一九七〇年代から教育委員会の意思決定に高校生の代表者を参加させる取り組みが開始されてきた。アメリカの事例を参考にしながら、鹿児島県においても、大人社会の意思決定に子どもたちを関わらせることが重要である。そこに向けての「準備学習」の時間として、総合的な学習の時間を活用することもできるだろう。大人社会の意思決定の分野については、学校関係だけではなく、行政活動なども含めるとよいだろう。

例えば現在、鹿児島県の新しい総合体育館の建設場所が様々な利害関係者によって議論されている。新総合体育館の建設理由のひとつは、将来の子どもたちのためである。「子どもたちのため」であるならば、そもそも総合体育館が必要なのか否かの段階に戻り、高校生を参加させて検討するところから始める必要がある。鹿児島県では、「借金」である地方債（県債）の残高が年間予算の規模を上回っている。二〇一七年度末の地方債の残高は一兆六六五六億二八九二万四〇〇〇円である[19]。地方債については、鹿児島の政治が真正面から向き合っていない課題である。その一方で、総合体育館などの開発事業については、利害関係者を中心に活発に議論されている。こうした状況は、問題を先送りにしていると言わざるを得ないし、子どもたちに負担を負わせているのである。こうしたことを踏まえると、今から高校生の代表者だけでも大人社会の意思決定に参加させるべきであろう。その上で、新総合体育館のための建設費用については、その一部でも本書で論じてきた教員や他の専門家の増員に回すべきか否かを検討する必要がある（建設費用が地方債で賄われれば、単純には転用できない）。

その上で世界では二〇一五年、持続可能な開発目標（ＳＤＧｓ）が策定された。ＳＤＧｓには地球規模で取り組む課題が設定されており、それらは世界の高度化・複雑化に関連している。高校教育では、まず地域レベルでの創造的な学習に取り組んだ上で、ＳＤＧｓに関連する取り組みに広げていくことが望ましい。こうして本物のアクティブ・ラーニングを通して、未来を創造するための教育が鹿児島の学校教育で実践されることになる。

現在の鹿児島県の教育政策は、政治や行政の論理で実施されている側面が強いと言えるだろう。二〇一五度からの公立小中学校での土曜授業の導入については、実質的に全県一律に導入した形になっており、行政の論理によって鹿児島県の教育政策が全市町村で過度に「共通」の政策を実施してきたことを象徴的に示した事例であったと言える。また、県立高校の再編については、政治・行政の論理や特定の地域の意向で進められており、鹿児島県全体の将来を見据えた視点が欠けている。このため、二〇〇〇年代からの再編は短期的な視点の対応になってしまい、再度の対応が必要になってしまうだろう。さらに、子どもたちの現実や将来を考えるのであれば、子どもたちに対応する教員や専門スタッフを質的にも量的にも充実させる必要がある。しかしながら、現在の鹿児島県の教育政策はその方向性では進んでいない。鹿児島県の政策は新総合体育館の建設などの別の内容が優先されている状況と言えるだろう。こうしたことから、いま問われているのは大人社会が変われるかということである。予測困難な時代であり、人口減少が進む社会においては、政治や行政の論理も必要ではあるものの、いまもっとも重要なのは、子どもの参加や県全体の将来を見据える視点を取り入れることであり、これらを踏まえたバランスがとれた検討や決定である。

〔注〕

（1）白石裕『教育の質の平等を求めて―アメリカ・アディクアシー学校財政制度訴訟の動向と法理―』

協同出版、二〇一四年、ii頁。

（2）鹿児島県教育委員会教育長「小・中学校における土曜日の授業実施に係る留意事項等について（通知）」
（https://www.pref.kagoshima.jp/ba04/kyoiku-bunka/school/doyou/documents/42937_20141204104222-1.pdf　二〇一六年五月一九日閲覧）

（3）新世紀カリキュラム審議会『鹿児島の特色を生かした教育課程の在り方等について―責任・個性・開く・郷土―』二〇〇一年、二三頁。

（4）同上書、七三頁。

（5）アンドレアス・シュライヒャー著、ＯＥＣＤ編、鈴木寛・秋田喜代美監訳『教育のワールドクラス　二一世紀の学校システムをつくる』明石書店、二〇一九年、六二―六三頁。

（6）鹿児島県教育委員会「教育行政データブック（平成三〇年度版）」
（http://www.pref.kagoshima.jp/ba01/kyoiku/joho_tokei/kyouikugyousei/documents/19162_20190319163005-1.pdf　二〇一九年三月三〇日閲覧）

（7）鹿児島県教育委員会『平成三〇年度　教育行政基礎資料』二〇一九年、一四頁。

（8）文部科学省初等中等教育局「通常の学級に在籍する発達障害の可能性のある特別な教育的支援を必要とする児童生徒に関する調査結果について」二〇一二年。
（http://www.mext.go.jp/a_menu/shotou/tokubetu/material/__icsFiles/afieldfile/2012/12/10/1328729_01.pdf、二〇一八年三月一七日閲覧）。

（9）新世紀カリキュラム審議会、前掲書、八〇頁。

（10）同上書、七八頁。

(11)隈元新「このままでは地方の公立高校が消えてしまう」『新潮四五』二〇一六年、五九頁。
(12)藤田英典「教育政策の責任と課題—アカウンタビリティとネオリベラリズムの影響を中心に」小玉重夫編『学校のポリティクス』(岩波講座　教育　変革への展望六)、岩波書店、二〇一六年、二五頁。
(13)安彦忠彦『「コンピテンシー・ベース」を超える授業づくり　人格形成を見すえた能力育成をめざして』(教育の羅針盤四)、図書文化社、二〇一四年、七三-七四頁。
(14)鹿児島県教育委員会編『鹿児島県教育振興基本計画—自然・歴史・文化など鹿児島の特性を踏まえた教育の振興—』二〇一四年、二六頁。
(15)金城太一『チーム学校!教育改革の挑戦—風は南から—』悠光堂、二〇一七年、一六一-一六二頁。
(16)新世紀カリキュラム審議会、前掲書、七三頁。
(17)石堂常世「教育の目的と本質」安彦忠彦・石堂常世編『最新教育原理』勁草書房、二〇一〇年、一四頁。
(18)鹿児島県教育広報研究会編『濵里忠宣教育長講話集「教育と人間と」』一九八七年、一-二頁。
(19)鹿児島県企画部統計課編『平成二九年　鹿児島県統計年鑑』二〇一八年、三〇八頁。

■執筆者紹介（掲載順）

藤尾清信（ふじお・きよのぶ）

一九四七年生。鹿児島大学教育学部中学校教員養成課程（音楽専攻）卒。鹿児島県立図書館奄美分館長・鹿児島県立青少年研修センター所長・鹿児島県立鹿児島盲学校長等を歴任。鹿児島純心女子大学人間教育学部教授。垂水中央中学校・喜界中学校・獅子島小学校・大口中央中学校・東郷学園義務教育学校・頴娃中学校・若宮保育園等の校歌や園歌を作曲。

遠藤武夫（えんどう・たけお）

一九六〇年生。鹿児島大学教育学部卒。兵庫教育大学大学院修士課程修了。鹿児島県立福山高等学校長。日本教科教育学会会員。論文「純正な和音の響きを作る能力を育成するリコーダー学習―小学校音楽における指導内容・方法―」（日本教科教育学会誌　二〇一九・一二　第四二巻　第三号）。

小島摩文（こじま・まぶみ）

一九六五年生。総合研究大学院大学博士課程後期満期退学。民俗学、民具学、博物館学。鹿児島純心女子大学大学院教授。主な論文は、「知識は馬の背に乗って」（共著）『日本人と馬―埒を越える12の対話―』東京農業大学出版会（二〇一五）、「サツマイモとジャガイモ―新しいイモ食―」小川直之編『日本の食文化3　麦・雑穀と芋』吉川弘文館（二〇一九）など。

萩原和孝（はぎはら・かずたか）

一九七八年生。鹿児島大学大学院人文社会科学研究科博士後期課程単位取得後退学。第一工業大学、東京アカデミー

鹿児島校ほか非常勤講師。学位（博士）論文「初等教育における郷土教育実践の地域的展開―一八八〇年代から一九四五年まで―」（鹿児島大学大学院、二〇〇九年）。

帖佐尚人（ちょうさ・なおと）

一九八五年生。早稲田大学大学院教育学研究科博士後期課程単位取得退学。修士（教育学）。鹿児島国際大学福祉社会学部准教授、鹿児島大学非常勤講師、早稲田大学社会安全研究所招聘研究員。共著『ワークで学ぶ教職概論』（ナカニシヤ出版）、共著『幼児・初等教育入門』（ラグーナ出版）、論文「完全義務／不完全義務区分からみた我が国の道徳教育の特徴と問題点」（『倫理道徳教育研究』２号）ほか。

深田忠徳（ふかだ・ただのり）

一九七八年生。九州大学大学院人間環境学府博士後期課程単位取得満期退学。修士（教育学）。鹿児島国際大学福祉社会学部准教授。論文「スタジアムにおけるサポーターの観戦享受に関する研究―アビスパ福岡サポーターにおける『相互作用』を事例に―」（『スポーツ社会学研究』第一九巻第二号、二〇一一年）ほか。

■編著者

古閑章（こが　あきら）

略　歴：一九五六（昭和三一）年三月、熊本県生。一九八〇（昭和五五）年三月、熊本大学大学院文学研究科修了。国立鹿児島工業高等専門学校助教授を経て、二〇〇三（平成一五）年四月から鹿児島純心女子大学教授。二〇〇六（平成一八）年一〇月、博士（文学）。二〇一四（平成二六）年四月から、鹿児島純心女子大学国際文化研究センター所長。二〇〇一（平成一三）年八月から二〇一三（平成二五）年三月まで『南日本新聞』

の「かごしま文芸時評」、二〇一一（平成二三）九月から二〇二〇年三月まで『毎日新聞（西部本社版）』の
「同人誌季評」を担当。

専　門：日本近代文学および鹿児島の近代文学。「読みの共振運動論」という文学理論。梶井基次郎・芥川龍之介・
梅崎春生・海音寺潮五郎などに関する書き手論・作品論。

単行書＊『梶井基次郎研究』（一九九四・一一、おうふう）
＊『作家論への架橋—〝読みの共振運動論〟序説—』（一九九七・一二、日本図書センター）
＊『小説の相貌—〝読みの共振運動論〟の試み—』（二〇〇四・三、南方新社）
＊『梶井基次郎の文学』（二〇〇六・三、おうふう）
＊『天璋院篤姫と権領司キヲ—時代を超えた薩摩おごじょ—』（二〇〇八・六、南方新社）
＊『子供の世界—昭和四十年代記—』（二〇一一・一〇、ジャプラン）
＊『古閑章著作集　第1巻　小説1　短篇集　子供の世界』（二〇一九・八、南方新社）
＊『古閑章著作集　第2巻　小説2　短篇集　蒼い月』（二〇一九・九、南方新社）
＊『古閑章著作集　第3巻　小説3　長篇　青春の相貌』（二〇一九・一〇、南方新社）

共編著＊浅野洋・太田登編『漱石作品論集成　第1巻　吾輩は猫である』（一九九一・三、桜楓社）
＊石田忠彦編『鹿児島　文学の舞台』（一九九九・二、花書院）
＊鈴木貞美編『梶井基次郎『檸檬』作品論集』（二〇〇二・九、クレス出版）
＊古閑章編『新薩摩学6　天璋院篤姫』（二〇〇八・九、南方新社）
＊改造社関係資料研究会編『光芒の大正　川内まごころ文学館蔵　山本實彦関係書簡集』（二〇〇九・二、思
文閣出版）
＊古閑章編『新薩摩学7　鹿児島の近代文学・散文編』（二〇〇九・一〇、南方新社）
＊古閑章編『「仕方がない」日本人をめぐって』（二〇一〇・九、南方新社）
＊相星雅子・高岡修編『現代鹿児島小説大系1（二〇一四・四、ジャプラン）

＊古閑章・仙波玲子編「新薩摩学10　もっと知りたい鹿児島』（二〇一四・一〇、南方新社）
＊古閑章編『新薩摩学11　郷愁の文学者　古木鐵太郎作品集　郷土文学編』（二〇一五・九、南方新社）
＊古閑章編『新薩摩学12　鹿児島の食の奥義を探る』（二〇一六・九、南方新社）
＊古閑章編『新薩摩学13　旅する世界』（二〇一八・一〇、南方新社）

栗原真孝（くりはら・まさたか）
略　歴：一九八一年生まれ。早稲田大学大学院教育学研究科博士後期課程単位取得満期退学。早稲田大学教育・総合科学学術院助手を経て、二〇一二年に鹿児島純心女子大学国際人間学部講師に着任。現在は鹿児島純心女子大学人間教育学部准教授。
専　門：専門は教育行政学。教育委員会や地方行政について研究するとともに、鹿児島の教育や行政について研究。
論　文＊「日本における外国籍児童生徒を対象とする地方教育政策の実施状況」（『比較教育学研究』第五〇号、二〇一五年）
＊「市町村長による県立高校教育政策への関与の実態―鹿児島県を事例として―」（鹿児島純心女子大学国際人間学部編『国際人間学部紀要』第二二号、二〇一六年）
＊「ニューヨーク市における英語能力が十分ではない児童生徒の実態―日本の外国籍児童生徒の教育への示唆―」（鹿児島純心女子大学こども発達臨床センター編『こども学研究』第八号、二〇一六年）
＊「いのち・栄養・学校教育の諸問題―世界のこどもたちの「いま」について考える―」（『新薩摩学12』二〇一六年）
＊「鹿児島県における戦後教育改革の受容」（『新薩摩学13』二〇一八年）

鹿児島純心女子大学国際文化研究センター
新薩摩学14　人口減少社会・鹿児島の教育のゆくえ

二〇二〇年三月三十一日　第一刷発行

編　者　古閑　章・栗原真孝
発行者　向原祥隆
発行所　株式会社　南方新社
〒八九二―〇八七三
鹿児島市下田町二九二―一
電話　〇九九―二四八―五四五五
振替　口座〇二〇七〇―三―二七九二九
URL　http://www.nanpou.com/
e-mail　info@nanpou.com

印刷・製本　株式会社　イースト朝日
定価はカバーに表示しています
乱丁・落丁はお取り替えします
ISBN978-4-86124-422-3　C0037
Printed in Japan